MW01680978

Espíritus QUE DESTRUYEN

Apóstol

Liz Mendez

EDITORIAL ZOE

EDITORIAL ZOE

© www.editorial.zoe.com
© Primera edición
© 2021 Liz Mendez
© Edición:
Fabian de Jesús Díaz Atencio
Teléfono: (+57) 300 271 8569
Correo electrónico: fabio1555@gmail.com
Corrección de Estilo:
José Eduardo Cordero
Fabian Díaz
Yesmina Morales

Impreso y hecho en EEUU - Printed in EEUU

Dedicatoria

Con todo mi corazón dedico este libro a mi amado Salvador Jesucristo, la persona más importante en mi vida y la única que me ha dado conocimiento y energías para terminar este libro, que no sería una realidad sin Jesús. Gracias, Jesús, por estar conmigo en los momentos más difíciles de mi vida y por animarme a escribir herramientas que puedan ayudar a otros a conocer más de la realidad de tu Reino sobre la tierra.

Gracias por las vidas de mis hijos Alexander y Emanuel Méndez y la de mi esposo Rafael Méndez, que han permitido que yo tenga mi tiempo y dedicación a solas con el Espíritu Santo para dedicarme a este libro.

A todos mis hermanos de la fe que han creído y creen en lo que estoy haciendo, porque a través de los años y las experiencias, me han llevado a escribir en diferentes libros las semillas de lo que he vivido en Cristo.

Doy gracias a Dios porque me dio las estrategias, en medio de cada batalla, para elaborar este libro y poder llevar una herramienta de conocimiento al pueblo de Dios para que sepa y conozca con quién estamos peleando y hacia dónde vamos. Fueron horas de estudios profundos buscando la revelación para descubrir las manifestaciones de Satanás y sus espíritus. Días estudiando y profundizando cada una de las mañas del enemigo y todo un reino de tinieblas capacitado para la destrucción de la Iglesia.

Espero que este libro le lleve a otra dimensión de guerra llena de conocimiento y guianza del Espíritu para la destrucción del reino de las tinieblas. ¡Estamos listos para la guerra!

Índice

Introducción

Los seres humanos somos criaturas débiles y muchos nos dejamos condenar fácilmente por palabras hirientes que al final nos causan mucho daño. Existen principados de las tinieblas, espíritus bien definidos que actúan sobre la voluntad y el carácter de las personas y las inducen a conductas que son contrarias a la propuesta de Dios para destruir sus vidas. El Apóstol Pablo nos enseña en Efesios 6:12 que *nuestra lucha no es contra carne ni sangre, sino principados, potestades y gobernadores de las tinieblas.* Así que estamos peleando con seres espirituales que, si no ponemos atención, destruyen la iglesia, relaciones y nuestras familias. Existen tres niveles de guerra: El **humano** que es echar fuera demonios. El **ocultismo** que es luchar contra los poderes de la hechicería e idolatría. El **espiritual** que es luchar contra principados, potestades, espíritus territoriales, destinados para obstruir el crecimiento espiritual.

Cuando hablamos de espíritus, son comportamientos y actitudes de una persona que reflejan una conducta que no es normal; es decir, que hay algo detrás que está influyendo para destruir. Son espíritus que están influyendo en nuestra conducta y la manera en que están impactando nuestras decisiones y forma en que nos relacionamos con nuestra familia, amigos, iglesia y comunidad. La idea de Satanás consiste en destruir y dividir, nosotros solo podemos contrarrestar esta operación negativa, sumando y multiplicando en Dios, negándonos a nosotros mismos y permitiéndole al Señor que su Gracia sobreabunde en nuestras vidas.

La iglesia, las familias, las relaciones solidarias de hermandad, son atacadas por el orgullo, la arrogancia, la vanidad, la insolencia, el odio, rencores, raíces de amargura, falta de perdón y otros que amenazan la vida plena que Dios quiere para nosotros. La Biblia dice en **Efesios 6:12** que *nuestra lucha es con principados, potestades, gobernadores de las tinieblas y huestes espirituales de maldad.* Aquí vemos que existen 4 diferentes **ejércitos**: Los **principados** son los que tienen jurisdicción sobre los países y estorban la obra del Señor. (**Daniel 10:12-14).** Las **potestades** son ejércitos demoniacos que ejercen poder sobrenatural en la Tierra; tales como los hechiceros, espiritistas y curanderos; por eso, cuando en la iglesia la palabra es adivinada o inventada es brujería (**Lucas 10:19**). Los **gobernadores de las tinieblas** son los que oscurecen el entendimiento de los incrédulos para que no les alumbre la luz del evangelio (**2 Corintios 4:4**). Estos gobernadores son los que promueven el rencor dentro de la iglesia para quitar la luz de Cristo. Las **huestes espirituales de maldad** son ejércitos que promueven la maldad del mundo, ellos trabajan en campañas con los malos pensamientos, fornicaciones, homicidios, avaricias, maldades, engaños, lascivia, envidia, chismes, soberbia y mucho más.

El propósito de este libro es que usted pueda analizar y trabajar en forma personal con su propia vida y que pueda descubrir si alguno de estos espíritus han sido una influencia negativa en su vida, familia o ministerio, determinando la conducta para destruirlo y que ahora conociendo la verdad pueda ser libre mental y espiritual mediante el discernimiento de la Palabra de Dios, para conducir mejor a su familia, integrarse mejor a su iglesia y aportar lo mejor de su vida para cambiar esta sociedad.

Apóstol Liz Méndez

Capítulo 1

Espíritus que destruyen la Iglesia

"Entonces llamando a sus doce discípulos, les dio autoridad sobre los espíritus inmundos, para que los echasen fuera, y para sanar toda enfermedad y toda dolencia".
Mateo 10:1

La iglesia de nuestros días está sufriendo de una fuerte contaminación que ha venido a causa de espíritus inmundos que nos han atacado espiritualmente y han logrado hacer sufragios en nuestras vidas. Poco a poco, muchas veces sin darnos cuenta del todo, hemos descendido a un nivel espiritual muy bajo precisamente por esta causa. Si, por el contrario, pensamos que no tenemos problemas, negamos a Dios la oportunidad de limpiarnos por medio de su Palabra, seguiremos viviendo una vida a media luz.

El ser religioso se demuestra cuando una persona se llena de su propia doctrina para así, a su entender, servir a Dios. Pero cuando tenemos una relación con Dios y no una religión de hombres, entonces nuestro deseo se vuelve una continua búsqueda donde no pretendemos haberlo alcanzado todo, sino que continuamente, seguros de nuestra fe y de nuestra salvación por medio de Cristo Jesús, nos examinamos, miramos nuestro interior buscando la manera de poder agradarle y crecer en su conocimiento. La Iglesia es el cuerpo de Cristo; por lo tanto, debemos estar claros en lo siguiente:

A. Nosotros somos el cuerpo de Cristo

"Además, el cuerpo no es un solo miembro, sino muchos".
1 Corintios 12:14

Cuando hablamos de la Iglesia de Cristo, no estamos hablando de un edificio, ni de un lugar de reunión. Nos estamos refiriendo a nosotros mismos, a los que hemos creído y aceptado a Cristo como nuestro Único Salvador.

El apóstol Pablo, inspirado por el Espíritu Santo, compara a la iglesia con un cuerpo, siendo Cristo la cabeza y nosotros los miembros. También vemos en 1 de Corintios 12 cómo los cristianos somos una sola familia aun cuando tengamos diferentes funciones, aun cuando estemos en diferentes congregaciones.

B. El ataque espiritual es en contra de personas, no edificios

Cuando los espíritus inmundos atacan a la iglesia, no es a un edificio a quien están atacando, sino a nosotros los creyentes. Cuando hablamos de este ataque, no nos estamos refiriendo a que los cristianos pueden estar poseídos por demonios. En la Biblia no veo a ningún cristiano poseído por demonios, ni tampoco es esto un concepto bíblico, pues la Biblia dice que cuando una persona viene a Cristo, el Espíritu Santo ya no solo está con ella, sino también en ella.

"El Espíritu de verdad, al cual el mundo no puede recibir, porque no le ve, ni le conoce; pero vosotros le conocéis, porque mora con vosotros, y estará en vosotros".
Juan 14:17

Y donde el Espíritu Santo mora no pueden vivir demonios, porque Él es SANTO. Sin embargo, el ser atacado por demonios es algo que la Biblia demuestra claramente. El mismo Jesús fue tentado por Satanás, aun cuando él no le dio ninguna cabida. Dice la Biblia que Satanás se apartó de él por un tiempo, indicando así que más tarde, en la vida de Jesús, el enemigo volvió de nuevo a tratar de tentarle. Tampoco los demonios tienen autoridad para tocar nuestras vidas, ya que nosotros **somos propiedad de Dios.** La manera como los espíritus inmundos nos pueden atacar es en la forma que el Apóstol Pablo lo describe en Efesios. **Efesios 6:16** *"Sobre todo, tomad el escudo de la fe, con que podáis apagar todos los dardos de fuego del maligno".*

Si la Biblia dice que los cristianos son atacados con dardos de fuego, entonces tenemos que ver en qué parte de nuestras vidas esos dardos pueden golpear. La Biblia dice que para protegernos de estos dardos debemos usar el escudo de la fe y el área que este protege es el corazón.

C. El corazón es nuestro espíritu, la tierra donde se siembra lo espiritual

Cada vez que la Biblia habla de *corazón* se está refiriendo al *espíritu* del ser humano, a nuestro espíritu. También Jesús nos dice que del corazón nacen las malas acciones.

"Porque de ***dentro, del corazón*** *de los hombres, salen los malos pensamientos, los adulterios, las fornicaciones, los homicidios, los hurtos, las avaricias, las maldades, el engaño, la lascivia, la envidia, la maledicencia, la soberbia, la insensatez. Todas estas maldades de dentro salen, y contaminan al hombre".*

Marcos 7:21-23

Muchas veces nosotros caemos en el error de pensar que en el mundo espiritual solo existe Dios, nos olvidamos que también hay espíritus inmundos en operación y, al igual que el Espíritu Santo sale a sembrar la buena semilla en nuestros corazones, como así lo explica **Marcos 4**, el enemigo también sale a sembrar cizaña, tratando así de hacer infructuosa la Palabra que ha sido sembrada.

"Les refirió otra parábola, diciendo: El reino de los cielos es semejante a un hombre que sembró buena semilla en su campo; pero mientras dormían los hombres, vino su enemigo y sembró cizaña entre el trigo, y se fue. Y cuando salió la hierba

y dio fruto, entonces apareció también la cizaña. Vinieron entonces los siervos del padre de familia y le dijeron: Señor, ¿no sembraste buena semilla en tu campo? ¿De dónde, pues, tiene cizaña?"

Mateo 13:24-27

Así vemos cómo el objetivo de ataque de nuestro enemigo espiritual es contaminar nuestro corazón. Pero antes de llegar a nuestro corazón, los dardos de fuego necesitan pasar por nuestra mente. La Biblia dice claramente que existe una diferencia entre mente y corazón. La mente habla de nuestro aspecto carnal, el corazón de nuestro aspecto espiritual.

"Jesús le dijo: Amaras al Señor tu Dios con todo tu corazón, y con toda tu alma, y con toda tu mente".
Mateo 22:37

Aquí Jesús está enseñando la ley mayor: "*amar a Dios con todo tu ser*". Y nuestro ser está compuesto por *espíritu*, *alma* y *cuerpo*. Jesús usa el mismo orden que luego Pablo usa para enseñar este principio.

"Y el mismo Dios de paz os santifique por completo; y todo vuestro ser, espíritu, alma y cuerpo, sea guardado irreprensible para la venida de nuestro Señor Jesucristo".
1 Tesalonicenses 5:23

Toda esta explicación es necesaria, ya que si no entendemos en forma clara de dónde vienen los ataques espirituales a nuestras vidas, no vamos a poder rechazarlos. Claro que sé que el Poder viene de Dios, y por supuesto que reconozco que Cristo es quien nos da la victoria, pero no creo en decir palabras mágicas, ni tampoco en solo repetir una frase y de una vez ser libre. ¡Yo sí creo en conocer la Verdad y la Verdad es la que nos hace libres!

"Pero él les dijo: ¿Por qué estáis turbados, y vienen a vuestro corazón estos pensamientos?"
Lucas 24:38

La razón por la cual los espíritus inmundos apelan tanto a nuestra carne es porque antes de llegar a nuestro corazón, necesitan llegar primero a nuestra mente, porque son los pensamientos los que llegan al corazón. Asimismo, toda la información que llega a nuestra mente es percibida por nuestra carne. Hablando en una forma más específica, nuestra mente interpreta la información que recibe por medio de nuestros sentidos: vista, audición, olfato, tacto y gusto. Por esta razón también, Jesús continuamente enseñaba usando parábolas, usando ejemplos de cosas que ellos en la carne conocían, porque él sabía que si les hablaba de cosas espirituales, no lo iban a entender. El mismo Jesús dijo:

"De cierto, de cierto te digo, que lo que sabemos hablamos, y lo que hemos visto, testificamos; y no recibís nuestro testimonio. 12 Si os he dicho cosas

terrenales, y no creéis, ¿cómo creeréis si os dijere las celestiales?"
Juan 3:11-12

Qué poderoso es saber que aun la fe llega a nuestro corazón a través de los sentidos.

"Así que la fe es por el oír, y el oír, por la palabra de Dios".
Romanos 10:17

Quizás ahora podemos empezar a entender por qué es tan importante que nos cuidemos de lo que permitimos que llegue a nuestra mente. Si yo continuamente me estoy llenando de Dios, sea por el oír, por lo que veo, por las cosas en que participo, por las bebidas que ingiero; en fin, si con mi carne busco guardarme para Dios, entonces, en verdad, he tomado el escudo de la fe, porque le he creído a Dios y he aceptado que mi cuerpo es templo del Espíritu Santo; pero si por el contrario, participo en conversaciones de críticas, abro mi boca para declarar palabras inmundas, me pongo a ver programas o películas de cosas contrarias a mi Señor, escucho música con letras de malas palabras o con letras de adulterio, entonces eso es lo que voy a sembrar en mi corazón.

Algo que es importante de entender, es que nosotros no tenemos control total de cuáles dardos son lanzados contra nosotros, pero sí tenemos el control para rechazar tales dardos. Este rechazo es no aceptar los pensamientos que están viniendo en contra nuestra.

Por ejemplo, un hermano nuestro llega a donde hay un grupo y saluda a varias personas, pero no a ti. El dardo de fuego te puede decir por la acción que acabas de ver, que te despreció; pero tú, conociendo tales artimañas, necesitas decir: mi hermano no lo hizo a propósito. No estoy diciendo que tienes que dejar de ser una persona inteligente, estoy diciendo que no puedes vivir una vida de continuos altibajos, donde los demonios juegan con tus sentimientos y emociones.

Los diferentes espíritus inmundos

En esta parte del estudio, quizás nos empezamos a sentir un poco incómodos, ya que vamos a hablar de espíritus inmundos que le han hecho mucho daño a nuestras vidas y a nuestro crecimiento espiritual. Estos ataques han afectado a muchos cristianos, aun cristianos que están en posición de liderazgo. Tristeza me da cuando veo orgullo espiritual, donde una persona que piensa que, por llevar mucho tiempo en los caminos de Dios, no debe tener problemas. Permita Dios en este día sea fortalecido espiritualmente y que ningún orgullo personal sirva de impedimento.

Los espíritus inmundos que he observado que más están atacando a las vidas en nuestros tiempos son los siguientes:

A. Los espíritus de envidia y crítica **(Hechos 7:9; Gálatas 5:26)**

B. Los espíritus de chisme **(1 Timoteo 5:13)**
C. Los espíritus de celos (**1 Corintios 3:3)**
D. Los espíritus de lascivia **(Romanos 13:13; 2 Corintios 12:21)**
E. Los espíritus de orgullo **(Santiago 4:1-8)**

A. Los espíritus de envidia

Cuando un espíritu inmundo logra perturbar a una persona, esta va a manifestar lo que el espíritu inmundo le está impartiendo. Esta es la razón por la cual Jesús le dijo a Satanás que se apartara de él cuando Pedro le estaba tratando de persuadir de no ir a la cruz. Cuando digo que va a manifestar lo que proviene de su naturaleza, quiero decir es que va a producir alguna acción que le delate.

Por ejemplo, un espíritu de envidia va a provocar que la persona perturbada hable o haga gesto de crítica en contra de la persona que está envidiando. Es muy raro que una persona, sintiendo envidia, lo diga en una forma directa. Lo más común es actuar de la manera como actúan los espíritus inmundos, escondiéndose detrás de algo, disfrazando las palabras.

Un espíritu de envidia hace comentarios negativos. Como desea lo que la otra persona tiene, va a tratar de quitarle importancia. Esto lo hace hallándole faltas. Muchas veces las personas con más experiencia en la vida, cuando son atacadas por este demonio, hacen las críticas diciendo también algunas cosas buenas; por ejemplo, hablan bien de la persona a la que envidian, y en algún momento dentro de la conversación usan una frase que usualmente comienza con la expresión "pero." El hermano Juan es un varón muy usado por Dios, pero. . . Es tal el punto en que este espíritu inmundo está afectando la iglesia que continuamente oímos a ministros de Dios criticando a otros ministros en lugar de ocuparse en hacer lo que tienen en sus manos y dejar a los otros trabajar y darle cuenta a Dios por sus obras. Lo que un ministro que está siendo criticado debe hacer, es entender que esa crítica no viene de su hermano sino del mismo infierno. No debe responder atacando a la otra persona, sino orando por él o ella en privado y dejarlo en las manos de nuestro Padre Celestial; ya Dios usará a otra persona o algún otro medio para traer corrección. Si la persona criticada toma acción contraria, lo único que va a lograr es darle satisfacción al demonio que le está atacando. **Nuestra guerra no es contra sangre ni carne, sino contra principados y potestades.** Al final del día, mi hermano sigue siendo mi hermano, pues somos lavados por la misma Sangre del Cordero de Dios, y cuando allá se pase lista, los nombres de los dos van a ser leídos. La persona que sufre de envidia está bajo una opresión, y necesita de ayuda espiritual. El atacarla, el ponerla en mal delante de los otros, no es el actuar de un cristiano.

"No seas vencido de lo malo, sino vence con el bien el mal".
Romanos 12:21

Cualquier persona puede destruir, lo difícil es construir, levantar al caído, al que no puede ayudarse él mismo. Este poder Dios nos lo ha dado en la oración. Orar por el que te bendice es fácil, pero orar en privado por el que te ofende es muy difícil. Mas la oración en privado Dios la recompensa en público, y tu recompensa viene cuando ves a la persona que estaba atada, oprimida por un espíritu de envidia, ser liberada y funcionar en victoria. Tu recompensa no es ver a la persona en derrota. Si la persona que te ofendió termina en derrota, el cuerpo de Cristo ha sufrido y tu propia vida ha sufrido.

B. Los espíritus de chisme

El chisme ocurre cuando nos ponemos a hablar de los demás cosas que no debemos. He notado el alcance tan horrible que estos espíritus inmundos han logrado. En muchas casas se hace difícil tener una conversación completa sin mencionar en una forma negativa la vida de alguna persona que no se encuentre presente. Es más, yo invito a toda persona haciendo este estudio, que al final del mismo comience a contar el tiempo que transcurre antes de que haga algún comentario negativo de alguien. Cuántos vamos a ser sorprendidos al ver que este espíritu inmundo se ha vuelto parte de nuestro diario vivir. Sabemos que hay momentos donde necesitamos hablar realidades y muchas veces estas realidades incluyen temas negativos de otras personas; pero hay una diferencia muy grande entre esto y el chisme. Chisme es hablar de una vida sin ningún otro propósito que el de ponerle en mal. De nuevo hay que tener cuidado cuando decimos “te voy a contar algo, pero es solo para que me ayudes a orar". Porque al igual que con la envidia, el chisme es un demonio que se disfraza.

Esto no quiere decir que, si hay una situación de la cual las autoridades o el pastor de la iglesia necesitan conocer, tengamos que mantenernos callados. Por ejemplo, si un niño está siendo abusado por una persona, de ninguna manera nos podemos quedar callados; de la misma forma es con cualquier otro delito. No vamos a confundir las situaciones, ni tampoco a excusarlas de una forma u otra. Cuando uno está hablando lo que debe, esto se siente en el espíritu de uno. No obstante, cuando estamos gozándonos con la habladuría sobre otra persona, esto también se siente en nuestro espíritu, pero de una forma diferente, porque el mismo Espíritu de Dios le deja saber a nuestro espíritu que está mal lo que estamos haciendo.

El chisme es pecado, al igual que el robar, adulterar o embriagarse. Quizás una persona chismosa no comete adulterio, pero lo que está haciendo es como si estuviese cometiendo adulterio, pues está ensuciando el Nombre del Señor. Y eso es lo que los espíritus inmundos les gusta hacer, usar a los mismos cristianos, a los mismos que Dios tanto ama, para que se burlen de su Santo Nombre. Esto lo hacen porque saben cuánto dolor le causan al corazón de nuestro Padre Celestial.

C. Los espíritus de celos

Detrás de cada espíritu de celos hay una contienda, hay una vida que está ardiendo de rabia y de ira. Los espíritus inmundos de celos roban en una forma literal toda esperanza de felicidad. No importa cuán feliz puedas estar en este momento, tarde o temprano, este tiempo de felicidad es como si no hubiese existido. La persona que amas se vuelve tu enemiga. La rabia te hace odiarle aunque sea por un momento, que deja su marca en tu corazón y tu corazón, como es tierra espiritual, comienza a dar frutos, pero frutos que ya no vienen de un hijo de Dios, ya no son frutos que vienen a provocar bendición en tu vida, sino frutos que te maldicen según se van manifestando.

Los celos no se manifiestan solo entre parejas, sino también entre padres e hijos, entre hermanos y aun entre amigos. Para vencer a este espíritu, hay que dejar de llevarlo a nuestros pensamientos. Así que cuando estos vienen, hay que reprenderlos y echarlos fuera de nuestro ser, no se puede permitir que pasen de nuestra mente a nuestro corazón, donde se multiplican. En mi opinión, la mejor forma de combatir estos espíritus inmundos, es colocar a esa persona -víctima- en las manos de Dios y pedirle al Señor que sea Él Quien la defienda y la cuide. En otras palabras, lo que a ella se le haga, es al Señor a quien se le está haciendo y de Él nadie se burla.

D. Los espíritus de lascivia

Los espíritus inmundos buscan la forma de complacer a la carne en una forma fuera de la Voluntad de Dios. Cuando Dios le dijo al hombre que comiera, no le dijo que lo hiciese en rebeldía ni desobediencia. Se podía comer, pero no del árbol del fruto prohibido.

Las desviaciones sexuales, y no hay que entrar en detalles, pues cada uno de nosotros es avisado por el Espíritu Santo cuando estamos entrando en áreas de pecado en nuestra vida, son tentaciones diabólicas que apelan a nuestras sensaciones físicas que buscan ofender a Dios. Todo hombre que esté sufriendo un ataque en esta área debe buscar la ayuda de un hombre de Dios, y no pensar que solo va a poder vencerlo, pues los espíritus de lascivia tienen experiencia haciendo caer a muchos. Toda mujer que esté en la misma situación debe acercarse a una mujer de Dios, nunca a un hombre, ni, aunque sea su pastor, sino a una sierva del Señor, y pedirle ayuda. Estos espíritus atraen y son de mucha seducción.

No hay otra salida para este tipo de demonio. Este tipo de demonio necesita ser desenmascarado, ya que suele esconderse muy bien. La persona a la que se le pida ayuda, debe ser alguien que busque sabiduría de Dios. Si la persona se pone a compartirlo con otros está pecando. Solo debe compartirlo con otros siervos o siervas del Altísimo que le vayan a ayudar en una forma directa con la situación. No debe compartírselo a la esposa o al esposo, o a su mejor amigo.

Esta situación no es tema de conversación, ni tampoco es para entretenimiento personal, es de vida o muerte.

E. Los espíritus de orgullo

Hay muchos otros espíritus inmundos, y muchos que pude incluir como los que más atacan a la iglesia. Pero he notado que la razón por la cual se hace tan difícil ayudar a una persona que está siendo oprimida espiritualmente, no es por impedimento de algo externo, sino por el orgullo que ha llegado a entrar en el corazón de la persona. La falta de humildad para reconocer que necesita ayuda es el peor enemigo de la persona siendo atacada. Cuando vinimos a Cristo, fue porque primero tuvimos que reconocer que necesitábamos un Salvador y, para necesitar a un Salvador, quiere decir que estábamos perdidos. Pero mientras no reconocimos que éramos pecadores y que solo por medio del sacrificio de Cristo podíamos llegar al Padre, no pudimos ser hechos salvos.

De la misma manera, solo vamos a poder ser limpios de los espíritus inmundos que han venido a contaminarnos, cuando en una forma sincera reconozcamos que hemos sido golpeados, sin importar qué posición ocupemos, ni cuánto tiempo tengamos de ser cristianos. A reconocer no se viene hablando en una forma generalizada, sino en una forma específica y personal. No se dice: "*Señor perdóname por todos mis pecados*", sino que debemos mencionar uno a uno los pecados por los que estamos pidiendo perdón, porque así nuestro corazón delata un genuino arrepentimiento.

No podemos sentirnos superiores solo porque seamos fuertes en la fe, ni tampoco por el ministerio que Dios nos ha dado. Cada uno de nosotros tiene una función que cumplir en el cuerpo de Cristo, pero ninguno es más grande que el otro, el Único grande es Cristo Jesús, porque su nombre es sobre todo nombre. El orgullo espiritual es primero cultivado en nuestras mentes cuando comenzamos a creernos mejores o superiores a los demás o a algunos de los demás. El espíritu de orgullo lanza dardos a nuestra mente diciéndonos: "eres mejor, tu revelación es más grande". Esto se manifiesta cuando queremos que se nos dé un trato diferente, cuando solo unos escogidos nos pueden enseñar porque los otros no son dignos, no son lo suficientemente grandes para llenarnos, cuando creemos que tenemos que ser considerados especiales por los demás. Este demonio se disfraza, y hasta nos dice palabras como que somos hijos de un rey y tenemos que ser tratados como hijos de rey. Lo que se le olvida al demonio decirnos es que nuestro reino no es de este mundo y que nosotros no somos más que el Maestro. La humildad no se actúa, ni se inventa, ni se compra. La humildad es una manifestación visible de alguien invisible que habita en nuestro corazón y que se deja ver en nuestro estilo de vida, en nuestras acciones y convicciones.

Fruto de arrepentimiento

El arrepentimiento abre las puertas del reino de Dios. La Biblia dice en **Marcos 1:15**

"El tiempo se ha cumplido, y el reino de Dios se ha acercado; arrepentíos, y creed en el evangelio".

Arrepentimiento ocurre cuando hay un genuino dolor o malestar por haber tomado una acción que ofendió a mi Señor. Es el deseo real de llevar el tiempo hacia atrás, si esto fuera posible, con la única motivación de no volver a ofender al ser que tanto amo. Arrepentimiento no es que las cosas me salieron mal, o que alguien se dio cuenta. Este tipo de arrepentimiento no abre las puertas del Cielo.

Para que exista un arrepentimiento tiene que haber primero un reconocimiento de que hemos hecho mal delante de sus ojos.

Que Dios bendiga todo tu ser, que tus deseos se realicen dentro de Su perfecta Voluntad, y que Dios te use grandemente para serle de bendición a muchos otros, así como tu alma lo anhela. Amén.

Capítulo 2

La Guerra Espiritual

"*que por fe conquistaron reinos, hicieron justicia, alcanzaron promesas, taparon bocas de leones, apagaron fuegos impetuosos, evitaron filo de espada, sacaron fuerzas de debilidad, se hicieron fuertes en batallas, pusieron en fuga ejércitos extranjeros".*

Hebreos 11:33-34

La guerra espiritual es un tema muy controversial dentro de la iglesia, poco hablado y muy rechazado... La Biblia dice en **Oseas 4:6** "*Mi pueblo perece por falta de conocimiento".*

La guerra espiritual es la confrontación que tenemos con las tinieblas, utilizando el poder de Dios. Se hace por medio de la oración e intercesión contra todas las fuerzas del mal que se mueven en las regiones celestes. Significa: "pelear a un nivel espiritual", enfrentando géneros de espíritus, fuerzas organizadas de la oscuridad, hasta interrumpirlas, que queden anuladas y de esta forma quitar toda su influencia.

Existe un gran conflicto entre el reino de la luz y el de las tinieblas. El gran objetivo es someter el hombre y la mujer a las tinieblas o trasladarlos a la luz. El Plan es arrancar el creyente de su estado de bendición para que viva en maldición.

La verdadera guerra ocurre cuando mantienes a la iglesia formada y construida sobre la Roca en Cristo. Desde el principio Dios había profetizado en:

Génesis 3:15 *"Y pondré enemistad entre ti y la mujer, y entre tu simiente y la simiente suya; ésta te herirá en la cabeza, y tú le herirás en el calcañar".*

El mismo Jesús dijo a los discípulos: hay géneros que salen solo con ayuno y oración. Hoy la Iglesia de Cristo tiene que creer que el diablo ya está vencido.

Colosenses 2:14-15

"anulando el acta de los decretos que había contra nosotros, que nos era contraria, quitándola de en medio y clavándola en la cruz, y despojando a los principados y a las potestades, los exhibió públicamente, triunfando sobre ellos en la cruz".

Ahora, ¿cómo podemos triunfar con la armadura? El Apóstol Pablo nos dice en **Efesios 6:10-18**:

"Por lo demás, hermanos míos, fortaleceos en el Señor, y en el poder de su fuerza. Vestíos de toda la armadura de Dios, para que podáis estar firmes contra las asechanzas del diablo. Porque no tenemos lucha contra sangre y carne, sino contra principados, contra potestades, contra los go-

bernadores de las tinieblas de este siglo, contra huestes espirituales de maldad en las de celestes. Por tanto, tomad toda la armadura de Dios, para que podáis resistir en el día malo, y habiendo acabado todo, estar firmes. Estad, pues, firmes, ceñidos vuestros lomos con la verdad, y vestidos con la coraza de justicia, y calzados los pies con el apresto del evangelio de la paz. Sobre todo, tomad el escudo de la fe, con que podáis apagar todos los dardos de fuego del maligno. Y tomad el yelmo de la salvación, y la espada del Espíritu, que es la palabra de Dios; orando en todo tiempo con toda oración y súplica en el Espíritu, y velando en ello con toda perseverancia y súplica por todos los santos".

¿En qué consiste la guerra?:

- El conflicto entre el reino de luz y el reino de las tinieblas.

-La batalla de destruir las almas.

-Someter al hombre y a la mujer y trasladarlos a la oscuridad en lugar de a la luz.

¿Qué es un Intercesor? Es una persona que se para en la brecha por otra persona, se atreve a ir donde otros no van. Portan un manto de autoridad y poder. Son los que entran como punta de lanzas a establecer el Reino de Dios, son atrevidos, no pelean con su lengua sino con rodillas, son valientes en el espíritu, arrebatan y establecen el Reino.

El dilema más grande es ¿quién controla la vida humana? Lo que no puedes controlar te controla a ti o te puede destruir.

Niveles de Guerra:

Humano: echar fuera demonios.

Ocultismo: luchar contra los poderes de la hechicería, idolatría.

Espiritual: lucha contra principados, potestades, espíritus territoriales, destinados para obstruir el crecimiento espiritual.

El Apóstol Pablo en el libro de Efesios le dice a la iglesia de los Corintios que nuestra lucha no es contra carne ni sangre, sino contra potestades y principados. Hay niveles de jerarquía.

Existen 4 diferentes Ejércitos:

1. Principados: son los que tienen jurisdicción sobre los países y estorban la obra del Señor. **Daniel 10:12-14**

2. Potestades: son ejércitos demoniacos, ejercen poder sobrenatural en la Tierra...(Hechiceros, espiritistas, curanderos) **Lucas 10:19**

Dentro de la Iglesia toda palabra adivinada o inventada es brujería...

3. Gobernadores de las tinieblas: son los que oscurecen el entendimiento de los incrédulos para que no les alumbre la luz del Evangelio... **(2 Corintios 4:4).**

Promueven el rencor dentro de la iglesia para quitar su luz. **1 Juan 2:1** "*Pero el que aborrece a su hermano está en tinieblas, y anda en tinieblas, y no sabe a dónde va, porque las tinieblas le han cegado los ojos"*.

¿Cuál es la solución?: **1 Juan 4:4** "*Hijitos, vosotros sois de Dios, y los habéis vencido; porque mayor es el que está en vosotros, que el que está en el mundo"*.

4. Huestes espirituales de maldad:

Hueste significa: ejército en campaña, son ejércitos que promueven la maldad del mundo, (malos pensamientos, fornicaciones, homicidios, avaricias, maldades, engaño, lascivia, envidia, chismes, soberbia).

Dios le dijo a Adán y Eva: "si comen del fruto prohibido, "*Ciertamente morirás*"; **Génesis 2:17** "*La serpiente le dijo no morirás... El instrumento de convencimiento... Y la serpiente fue la maestra, que enseño"*.

En el huerto hubo 3 ataques:

Primer ataque:
ALMA – v. 4-5 Cuando Eva escucha la voz de la serpiente y le responde. Cuando le cree a la serpiente que no moriría y <u>que podía mirar y ser como Dios</u>.

Segundo ataque:
CUERPO – v.6 Eva vio el árbol que era bueno para comer, era agradable y codiciable para alcanzar sabiduría. Su mirada es atacada y su cuerpo reacciona.

Tercer ataque:
ESPÍRITU – v.7-8 Sus ojos fueron abiertos y conocieron que estaban desnudos. Pero cuando oyeron la voz de Dios se escondieron.

PLAN ASTUTO: Destruir la Iglesia y apartarla de Dios para siempre. Destruirte hasta el punto de que ya te olvidaste de todo lo que hiciste y ahora no tienes dirección.

Miremos a Jesús... **Marcos 1:12-13 Y** *luego el Espíritu le impulsó al desierto. 13Y estuvo allí en el desierto cuarenta días, y era tentado por Satanás, y estaba con las fieras; y los ángeles le servían.*

Jesús fue impulsado por el Espíritu al desierto donde estuvo 40 días para ser tentado por Satanás y las fieras lo rodeaban. ¿Para qué el Espíritu Santo lo impulsó a este desierto?

Tentado por 40 días por Satanás (guerra espiritual) – que solo confrontó al diablo.

Estaba con las fieras (animal venenoso) – ataques múltiples / aprendió a lidiar en medio de las fieras; para que entiendas lo que es un ataque múltiple, como cuando te ocurren varias cosas a la vez, mira estos ejemplos: se te rompe el carro, te quedas sin trabajo, te quitan el seguro, tu hijo se enferma, te mudas de tu casa.

PARA LLEGAR A UN MINISTERIO TIENES QUE CONFRONTAR ATAQUES MÚLTIPLES.

HERMANO: TU UNCIÓN ES SUFICIENTE PARA CADA UNO DE ELLOS

Aprendió del Ministerio de los Ángeles –

Hebreos 1:13-14 Pues, *¿a cuál de los ángeles dijo Dios jamás: Siéntate a mi diestra, Hasta que ponga a tus enemigos por estrado de tus pies?* [14] *¿No son todos espíritus ministradores, enviados para servicio a favor de los que serán herederos de la salvación?*

Quiero que sepas hoy que hay ángeles a tu favor para ayudarte, para hacer lo que Dios dice y lo que tu boca dice. Es cuando la unción de Dios te carga.

Lucas 4:13 Y *cuando el diablo hubo acabado toda tentación, se apartó de él por un tiempo. No pudo con Jesús.* Importante: tenemos que estar dispuestos a servir a Dios. Escoger la manera de Dios o del mundo. Por ultimo, Jesús llega a Nazaret. **Lucas 4:18-19** El *Espíritu del Señor está sobre mí, Por cuanto me ha ungido para dar buenas nuevas a los pobres; Me ha enviado a sanar a los quebrantados de corazón; A pregonar libertad a los cautivos, Y vista a los* *ciegos; A poner en libertad a los oprimidos; A predicar el año agradable del Señor.*

El Espíritu del Señor está sobre mí. Ahora Jesús declara que el que estaba con él con fuerza y poder era el Espíritu del Señor y por esto ahora está ungido para liberar a los cautivos, oprimidos. Si tú no pasas el desierto nunca podrás tener un ministerio. Cuando sobrepasas el desierto el Espíritu del Señor estará sobre ti. En medio del desierto vas a mostrar quién eres para Él.

Sofonías 3:17

LBLA Jehová está en medio de ti, guerrero victorioso, se gozara en ti con alegría, en su amor guardara silencio, se regocijara por ti con cantos de júbilo.

Capítulo 3

Espíritu de Absalón

Absalón es uno de los hijos del Rey David y su nombre significa "Padre de Paz". Si miramos bien un nombre significativo, pero que vivía tan lleno de disturbios y guerra. Su gran meta era apoderarse del trono de su padre David de manera ilegitima. Absalón mató a su propio hermano Amnón y estaba dispuesto a matar también a su padre. Leamos un poco lo que registra la Biblia de este personaje.

> *"Aconteció después de esto que Absalón se hizo de un carro y caballos, y de cincuenta hombres que corrieran delante de él. 2 Y Absalón se levantaba temprano y se situaba junto al camino de la puerta; y sucedía que todo aquel que tenía un pleito y venía al rey para juicio, Absalón lo llamaba y decía: ¿De qué ciudad eres? Y este respondía: Tu siervo es de una de las tribus de Israel. 3 Entonces Absalón le decía: Mira, tu causa es buena y justa, pero nadie te va a escuchar de parte del rey. 4 Decía además Absalón: ¡Quién me nombrara juez en la tierra! Entonces todo hombre que tuviera pleito o causa alguna podría venir a mí y yo le haría justicia. 5 Y sucedía que cuando alguno se acercaba y se postraba ante él, él extendía su mano, lo levantaba y lo besaba. 6 De esta manera Absalón trataba a todo israelita que venía al rey para jui-*

cio; así Absalón robó el corazón de los hombres
de Israel.[7] *Y aconteció que al cabo de cuatro años*
Absalón dijo al rey: Te ruego me dejes ir a Hebrón
a pagar mi voto que he hecho al Señor. [8] *Pues*
tu siervo prometió un voto mientras habitaba en
Gesur, en Aram, diciendo: «Si en verdad el Señor
me hace volver a Jerusalén, entonces yo serviré
al Señor». [9] *Y el rey le dijo: Vete en paz. Y él se le-*
vantó y fue a Hebrón. [10] *Pero Absalón envió espías*
por todas las tribus de Israel, diciendo: Tan pronto
oigáis el sonido de la trompeta, entonces diréis:
«Absalón es rey en Hebrón».

2 Samuel 15:1-10

Absalón es un espíritu traicionero, egoísta, altanero y muy posesivo que no entiende el significado de la palabra gratitud, pues solo piensa en su propia promoción personal, sin importar los métodos que tenga que usar para lograr sus propósitos. Si hubiese tenido un espíritu de gratitud lo hubiera mostrado con su padre David, pues su posición en la corte había sido restablecida, pero por el contrario, Absalón veía la corona de su padre con desmedida apetencia. El espíritu de Absalón no tiene escrúpulos ni medidas, arrebata y busca intimidar, busca trabajar en toda la iglesia, matrimonios, familias, equipos de trabajo, ministerios, empresas, escuelas, etc. Es el espíritu de rebeldía y deslealtad que divide matrimonios, familias, sembrando contiendas y haciendo derramar lágrimas por sus palabras hirientes. Para actuar en contra de este espíritu, debemos exhibir la obediencia como un recurso central en todo lo que hacemos y poner muy en claro la línea de autoridad dentro del ministerio, de la iglesia o la familia.

Absalón no quería ser juzgado, por el contrario, procuraba ser juez. Esta es la principal característica de aquellos sobre quienes opera este espíritu. Quieren juzgar a los demás y aparentar que sus vidas están muy bien. Muchas veces las personas menos calificadas son las que quieren ocupar posiciones dentro del ministerio, solo por su afán de ejercer influencia.

La división de una familia, ministerio o nación no viene desde afuera, la mayor parte del tiempo proviene desde dentro. Este espíritu se mueve mayormente por alguien cercano. Es muy probable que en cualquier posición de autoridad en la que te encuentres tendrás a tu lado personas que comenzarán a desarrollar este espíritu.

Absalón es un espíritu de conspiración, vanidoso y presumido que está al acecho para, en el momento preciso, dar la estocada mortal. Este espíritu manipulador tratará de ganar a personas débiles para llevarlas a su terreno, pues todo parece estar bien, pero no es así, este espíritu está trabajando. Procura alabanza y reconocimiento a cualquier precio. Ama el poder y no deja pasar oportunidades. La Biblia registra que Absalón se ponía en el camino a solicitar el favor de las personas, las enamoraba y hasta las besaba.

"Entonces Absalón le decía: Mira, tu causa es buena y justa, pero nadie te va a escuchar de parte

*del rey. [4] Decía además Absalón: ¡****Quién me nombrara juez en la tierra****! Entonces todo hombre que tuviera pleito o causa alguna podría venir a mí y yo le haría justicia. [5] Y sucedía que cuando* ***alguno se acercaba y se postraba ante él, él extendía su mano, lo levantaba y lo besaba****".*

2 Samuel 15:3-5

Hoy vemos dentro de la iglesia cómo algunos comentan: *"el pastor es bueno, pero no te está pastoreando"*. Esta frase es muy poderosa y carnal a la vez, pues conduce a las personas a un estado de incertidumbre, de crítica, ansiedad, capaz de desconcertar a un miembro y lograr convencerlo a seguirlo. Absalón es un espíritu orgulloso y arrogante. Todos los espíritus acomplejados y enfermizos desarrollan, como una compensación a su flaqueza, el orgullo, germen que tiende a crecer precisamente en las almas débiles y carentes de virtudes. El orgullo es un pecado terrible, pero del que toda persona se cree libre. Una de las manifestaciones más frecuentes de este espíritu es resaltar su "humildad" con el supuesto apoyo y simpatía hacia los demás, cuando lo que realmente se busca es una inocultable promoción de sí mismo. La Biblia nos dice en ***Proverbios 16:5*** *"Abominación es a Jehová todo altivo de razón; ciertamente no quedará impune.*

Busca personas heridas para manipularlas

Este espíritu crítico, cuestionador, insatisfecho, siempre demanda atención, finge tener interés en las heridas de otros para sacar ventajas y usarlas para su propio beneficio. Quien está funcionando bajo este espíritu de Absalón va por las iglesias y ministerios buscando personas heridas, luego toma su ungüento envenenado y simula curarlas. Al final, tenemos como resultado a una persona más herida y amargada en contra de todos; incluso, de su pastor. Siempre que actuamos fuera de tiempo de Dios para lograr las cosas, terminamos destruyendo el sueño de Dios para nuestras vidas.

Pidamos al Espíritu Santo de Dios que nos ayude para que nos muestre quiénes son las personas que nos rodean y qué intenciones tienen. Reprendamos todo espíritu de Absalón de nuestras vidas, ministerios y familias.

Capítulo 4

Espíritu de Acán

El pecado de Acán no fue el simple acto de guardar parte del botín que Dios en algunos casos permitía se tomara, sino la desobediencia al mandato de Dios de destruir todo lo que tuviera que ver con Jericó. Su pecado fue la indiferencia a la maldad e idolatría de la ciudad. Dios no se conforma con que hagamos lo bueno algunas veces, su deseo es que todos nosotros hagamos su voluntad siempre.

Josué 7:19-22

"Entonces Josué dijo a Acán: Hijo mío, da gloria a Jehová el Dios de Israel, y dale alabanza, y declárame ahora lo que has hecho; no me lo encubras.
20 Y Acán respondió a Josué diciendo: Verdaderamente yo he pecado contra Jehová el Dios de Israel, y así y así he hecho.
21 Pues vi entre los despojos un manto babilónico muy bueno, y doscientos siclos de plata, y un lingote de oro de peso de cincuenta siclos, lo cual codicié y tomé; y he aquí que está escondido bajo tierra en medio de mi tienda, y el dinero debajo de ello.
22 Josué entonces envió mensajeros, los cuales fueron corriendo a la tienda; y he aquí estaba escondido en su tienda, y el dinero debajo de ello".

Acán significa: *problema, turbado* y *perturbador del orden.* Obviamente, su significado describe muy bien quién es este espíritu y cuáles son sus características. El espíritu de Acán nos deslumbra, nos presenta oportunidades que no queremos dejar pasar: *"Tómalo, disfrútalo, puedes aprovechar este momento, pasará, nadie lo va a saber y todo seguirá igual"*. Muchos han caído en pecado y han causado destrucción a sus vidas y las de otros porque han creído estas mentiras, este engaño o ideas de las tinieblas.

Hay otro aspecto grave que caracteriza a este espíritu: la capacidad de ocultar lo que somos. Es una capacidad peligrosa porque cuando estamos ocultando algún pecado, algo hacemos o alguna actitud tomamos para mantener en secreto esa falta, lo que nos lleva a vivir una vida de apariencia y engaño. Es importante saber que el pecado oculto en los líderes no permite que Dios se mueva en medio de la iglesia, impide la bendición de Dios y le da libertad al enemigo para que haga daño en medio del pueblo. Así mismo el pecado oculto en una familia obstaculiza el propósito de Dios. Acán, adrede y con plena conciencia, afrenta a Dios, aunque él sabe que el pueblo está siendo víctima de su errónea decisión, no admite su gran falla. Solo estando bajo presión, tal vez actúa. Cuando confiesa su pecado, el nivel de detalles que brinda como evidencia, no es su real arrepentimiento, sino su deleite de haber satisfecho su ego y su codicia. Se trata de un espíritu egoísta que no repara en las consecuencias y los que corren peligro son los que le rodean y su familia por sus fallas y errores.

El pecado es un arma muy poderosa que nos ata. El pecado es más que la posesión de un objeto caro y brilloso, es una actitud, es la ambición desmedida, el desenfreno por las riquezas y por los bienes. Tenemos que meditar en esto. Cuando actuamos como Acán, perdemos la perspectiva de nuestros ministerios, de nuestras familias, de todo lo que somos, pues no olvidemos que Dios lo sabe todo. Buena práctica es que revisemos el baúl de nuestras vidas y saquemos todas esas prácticas, recuerdos, actitudes y comportamientos que son contrarios al mandato de Dios. Tenemos que reconocer que no podemos guardar nuestra iniquidad y hacernos los locos, esconderla y pensar "es que yo soy así y así me quedo". Cuántos tenemos a nuestro alrededor, en nuestras familias, que piensan con una actitud de total estancamiento, de conformismo y derrota.

Debemos entender que el pecado no es un juego, el pecado tiene un efecto contagioso y multiplicador. Donde hay pecado oculto, hay pesadez, hay desconfianza, miedo, sospecha, siempre está asustado y hay muerte. Se pierde la mirada alegre y la sonrisa franca. Incluso hay dolor y enfermedad. Hay personas cuya aflicción consiste en que tienen un pecado oculto que mina sus fuerzas vitales, que les quita su alegría. Pero lo peor es cuando este pecado envejece sin ser confesado, permanece entonces en la consciencia de las personas y altera la sensibilidad. En otras palabras, no reaccionan por lo que han hecho, no tienen ningún tipo de remordimiento, están como muertas y viven como si nada hubieran hecho. Este tipo de personas necesita ser ministrado por el

Espíritu Santo para que sean libres de todo espíritu de Acán.

La Biblia dice en **Proverbios 28:13** "*El que encubre sus pecados no prosperará; Mas el que los confiesa y se aparta alcanzará misericordia*".

Qué poderoso es saber que los que confiesan y deciden cambiar, prosperan en gran manera y alcanzan la misericordia de Dios. Nuestro Dios es un Dios de misericordia, pero Él necesita ver cambios en nuestras vidas, no solo palabras, sino hechos.

Capítulo 5

Espíritu de Amalec

El origen de Amalec se identifica con uno de los pueblos más feroces que fueron de gran oposición en medio de la travesía triunfal de los israelitas con el fin de lograr la conquista de la tierra que Dios había prometido. Amalec era un pueblo guerrero que entró en conflicto con los israelitas.

Cuando hablamos de Amalec nos referimos a espíritus de oposición y contienda que necesitamos enfrentar cuando estamos ascendiendo. Es un espíritu muy desafiante y siempre busca pelea de una manera inevitable, es un enemigo tenaz. La Biblia registra la batalla de Refidim donde mejor queda ilustrado el espíritu de Amalec. La lucha es campal y se extiende hasta que se pone el sol; aquí no hay excusas, no hay descanso, ni manos caídas. Solo las manos de Moisés impulsaban la victoria que finalmente se logra contra un pueblo implacable y contencioso como Amalec. Leamos:

Éxodo 17:8-16

"Entonces vino Amalec y peleó contra Israel en
Refidim. [9] Y dijo Moisés a Josué: Escógenos varo-
nes, y sal a pelear contra Amalec; mañana yo es-
taré sobre la cumbre del collado, y la vara de Dios
en mi mano. [10] E hizo Josué como le dijo Moisés,
peleando contra Amalec; y Moisés y Aarón y Hur

subieron a la cumbre del collado.
[11] Y sucedía que cuando alzaba Moisés su mano, Israel prevalecía; mas cuando él bajaba su mano, prevalecía Amalec.
[12] Y las manos de Moisés se cansaban; por lo que tomaron una piedra, y la pusieron debajo de él, y se sentó sobre ella; y Aarón y Hur sostenían sus manos, el uno de un lado y el otro de otro; así hubo en sus manos firmeza hasta que se puso el sol.
[13] Y Josué deshizo a Amalec y a su pueblo a filo de espada.
[14] Y Jehová dijo a Moisés: Escribe esto para memoria en un libro, y di a Josué que raeré del todo la memoria de Amalec de debajo del cielo.
[15] Y Moisés edificó un altar, y llamó su nombre Jehová-nisi;
[16] y dijo: Por cuanto la mano de Amalec se levantó contra el trono de Jehová, Jehová tendrá guerra con Amalec de generación en generación.

Amalec representa la carne, esa zona del ser humano que pone resistencia a Dios. Es muy testarudo y porfiado contra aquellos que pueden cantar victoria. La táctica de este espíritu es de asomadas y escondidas, nunca perdió de vista a Israel hasta que finalmente fue erradicado. Así es la carne, cuando la vencemos en una de sus asomadas, no se alejará, volverá, estará al acecho y se presentará cuando más desprevenidos estemos. Israel lo tuvo como un gran enemigo porque, ignorando las leyes de hospitalidad, en vez de mostrarse compasivo hacia el ejército israelita, lo echó al pantano en misericordia. (Deuteronomio 25)

Amalec representa la carne, la naturaleza caída, es la gran oposición contra lo divino, el crecimiento de la obra de Dios. Este espíritu quiere frenar la obra de Dios. Siempre que te opongas a salir del letargo espiritual, habrá oposición. Cuando te encuentres en un momento difícil, encontrarás guerra y resistencia inexplicable, incluso de personas que siempre te apoyaron, como tu esposo, hijos, amigos, padre o madre. Los Amalecitas representan una gran oposición para que el pueblo de Dios cruzara a la tierra prometida. Debemos estar listos porque en algún momento podremos ser enfrentados, porque alguien se va a oponer a tus mejores propósitos. Eso es Amalec".

Capítulo 6

Espíritu de Amán

Este es un espíritu que ataca la unidad de la pareja y el vínculo familiar. Algunas actitudes que manifiesta este espíritu es que es muy personalista, arrogante, intimidante, reclama exclusividad y atención. Se cree único y odia la unidad. Ataca grupos e instituciones que tengan que ver con la familia, iglesia, amistades. La Biblia registra a Aman como un líder extremadamente arrogante, que reconocía al rey como su superior, pero que no aceptaba que nadie fuera su igual. Cuando Mardoqueo rehusó inclinarse en sumisión a él, Amán quiso destruirlo y se llenó de odio contra él. Mardoqueo y su gran dedicación a Dios no le permitió honrar a ningún otro hombre y esto representó un reto para la religión de Amán, la cual se centraba en él mismo. Amán se aprovechaba de su poder y desbordaba a su alrededor arrogancia y odio que habitaba en su corazón con chismes e intrigas.

Leamos lo que dice la Biblia.

> *"Después de estas cosas el rey Asuero engrandeció a Amán hijo de Hamedata agagueo, y lo honró, y puso su silla sobre todos los príncipes que estaban con él. 2 Y todos los siervos del rey que estaban a la puerta del rey se arrodillaban y se inclinaban ante Amán, porque así lo había mandado el rey; pero Mardoqueo ni se arrodillaba ni se humillaba. Y los siervos del rey que estaban*

a la puerta preguntaron a Mardoqueo: ¿Por qué traspasas el mandamiento del rey? [4] Aconteció que hablándole cada día de esta manera, y no escuchándolos él, lo denunciaron a Amán, para ver si Mardoqueo se mantendría firme en su dicho; porque ya él les había declarado que era judío. [5] Y vio Amán que Mardoqueo ni se arrodillaba ni se humillaba delante de él; y se llenó de ira. [6] Pero tuvo en poco poner mano en Mardoqueo solamente, pues ya le habían declarado cuál era el pueblo de Mardoqueo; y procuró Amán destruir a todos los judíos que había en el reino de Asuero, al pueblo de Mardoqueo".

Ester 3:1-6

Amán es un espíritu que ama el poder con pasión y exige reverencia. Este es el famoso espíritu que anda dentro de los ministerios que han perdido el amor y la perspectiva del servicio. Donde está el espíritu de Amán hay odio, división y conflictos; el amor, la unidad y la paz no existen. Es un espíritu de venganza y persecución. Se dice que Amán tenía ascendencia amalecita, y ahí estaba la raíz de su gran odio contra los judíos.

Debemos ponerle un pare, echar fuera este espíritu de Amán y aprender a amar a las personas que no son de nuestra raza o cultura, que podamos compartir con entusiasmo con aquellos olvidados y maltratados, porque este es el verdadero espíritu de Cristo, donde se promueve la unidad, el amor y la vida en plenitud que Dios quiere para todos nosotros. Los creyentes debemos vivir conscientes de que estamos enfrentados a un sistema adverso y que de cualquier forma tratará de eliminarnos. Amán es una potestad de las tinieblas que se opone a Dios y a su obra. Su principal blanco de ataque son los hijos de Dios. Este espíritu quisiera ver los creyentes inclinados a él rindiéndole culto. Aman es intolerante y cruel y su mayor función es destruir la obra de Dios, se enfoca solo en aquellos que están lastimados y llenos de resentimiento para que sean su mejor carnada; por eso, ahora cancelamos toda mentira de Amán y decidimos respirar y actuar en hermandad y en amor. Todo rencor, venganza y falta de perdón lo echamos fuera en el Nombre de Jesús.

Capítulo 7

Espíritu de Balaam

Balaam fue un profeta oriundo de Petor, ciudad del norte de Mesopotamia. Él fue llamado por Balac, rey de Moab, para maldecir al pueblo de Dios. Sin embargo, esto no fue posible, pues después de tres intentos, sucedió lo contrario: "Balaam bendijo al pueblo de Israel y reconoció que Jehová estaba de su parte". Aunque este hombre poseía el don de profecía, sufría de serias debilidades de carácter. Cuando se enfrentó a la decisión de entregarse totalmente al Dios de Israel, prefirió quedarse disfrutando de la abundancia y las riquezas de los moabitas, donde influyó para corromper a los israelitas, facilitando su entrega a la fornicación y a la idolatría. Increíblemente, pereció en una batalla contra el mismo pueblo que él bendijo.

"Han dejado el camino recto, y se han extraviado siguiendo el camino de Balaam hijo de Beor, el cual amó el premio de la maldad, y fue reprendido por su iniquidad; pues una muda bestia de carga, hablando con voz de hombre, refrenó la locura del profeta. Estos son fuentes sin agua, y nubes empujadas por la tormenta; para los cuales la más densa oscuridad está reservada para siempre".

2 Pedro 2:15-16

Balaam es el tipo de creyente que tiene la oportunidad de bendecir a otros, pero está totalmente atado a la codicia. Tiene el don de hacerlo, pero no logra convertir en beneficio y bondad lo que ha recibido de Dios, sino que su ambición lo traiciona. Está atado a lo material, pudiera bendecir a otros, pero si lo hace, es en poco y lleno de amargura. A veces nos encontramos con personas que hasta que no te quitan lo que tienes no están tranquilas. Son glotonas porque no se conforman con lo que tienen sino que quieren más. Lo interesante de esto, es que Balaam significa también *glotón*. Balaam es un espíritu que impide que nuestra conversión sea plena.

Este espíritu lo vemos más entre las personas que se rinden rápido, que son flojas y temen a todo. Es muy egoísta y aunque conoce todo lo que Dios demanda, su inclinación es disfrutar los placeres del mundo y esto no le permite consagrarse de completo a Dios; por eso le cuesta darle la Gloria a Dios. Es un espíritu materialista, que corrompe y utiliza a los demás como mercancía, como objeto de cambio y negocio. Balaam es el que impide que las personas disfruten el gozo de dar. Existen personas que parecen pobres, pero lo único que tienen es dinero. Están solas y prefieren ver a otros sufriendo que desprenderse de algo, porque no sueltan ni comparten las cosas que tienen con nadie.

Pídele a Dios que te libere de este espíritu de Balaam que no te deja diezmar ni ofrendar, pues, todo lo quiere para sí mismo. La Biblia nos dice: "Es mejor dar que recibir". El dar para Dios trae gozo y abundante prosperidad; en cambio, amontonar riquezas trae soledad y aflicción de espíritu.

Capítulo 8

Espíritu de Belial

Este espíritu es muy poco hablado, pero es muy conocido en medio de los ministerios y las familias. El altar de Dios nunca se debe instrumentalizar ni usar para otra cosa que no sea honrar a Dios. Este es el lugar donde todos en algún momento tenemos que llegar, es el lugar de devoción, donde hay una actitud de reconocimiento, inclinación y alabanza al Señor. Leamos en la Biblia que nos dice:

"Los hijos de Elí eran hombres impíos, y no tenían conocimiento de Jehová. Y era costumbre de los sacerdotes con el pueblo, que cuando alguno ofrecía sacrificio, venía el criado del sacerdote mientras se cocía la carne, trayendo en su mano un garfio de tres dientes, y lo metía en el perol, en la olla, en el caldero o en la marmita; y todo lo que sacaba el garfio, el sacerdote lo tomaba para sí. De esta manera hacían con todo israelita que venía a Silo".

1 Samuel 2:12-14

Los hijos del sacerdote Elí pervirtieron los sacrificios y contaminaron con la soberbia y el arrebato el orden y los lugares de adoración a Dios. Este espíritu es opuesto a la santidad y a la consagración a Dios, porque pervierte y distorsiona la entrada a su presencia que es el altar de los sacrificios y la adoración. Este es el espíritu que operó en los hijos de Elí, que actuaron como hombres carnales. Aquí aprendemos algo muy importante, y es que cuando un ministerio opera sin importarle la santidad, está bajo el dominio del espíritu de Belial. La palabra *Belial* significa "*sin sujeción, sin yugo y pestilencia*". También significa: "*corrupción* y *desvergüenza*". Está compuesto por dos raíces; la primera es *Beli* que es equivalente a "*deterioro, daño, destrucción*". La segunda es "*Yaal*" que significa: "*valioso, provechoso, muy bueno*".

En **1 Samuel 2:12-14** se describe a los hijos de Elí -quien era sumo sacerdote-, pero ya había envejecido. Los hijos actuaban como hombres impíos que no tenían conocimiento de Jehová, que con prácticas groseras a la hora de hacer sacrificios sacaban ventaja de lo que se ofrecía. La Biblia registra que el asistente del sacerdote se presentaba con un tenedor grande en la mano y mientras se cocía la carne, metía el tenedor en la olla y el sacerdote tomaba para sí mismo todo lo que se enganchaba en el tenedor. Sin embargo, los hijos de Elí se anticipaban por fuerza para tomar la carne de los sacrificios que el pueblo llevaba al altar. Esto obviamente era un pecado grandísimo porque estos jóvenes tomaban lo que le pertenecía al Señor.

El espíritu de Belial intenta desconocer el orden de Dios en el servicio irreverente para atropellar la comunión congregacional con elementos improvisados que no encajan en la adoración. Los hijos de Elí ministraban en el altar para servirse ellos mismos y tomar las mejores carnes. Actuaban como si fueran los dueños del altar. Desconocían que el altar de Dios tiene un solo propósito y es rendir reconocimiento, Honra y Gloria a Dios. Hay que entender que nunca habrá verdadero avivamiento donde hay desorden en el altar. El altar necesita adoración genuina y sincera para desatar un nivel mayor de Presencia.

Este espíritu también se manifiesta en la inmadurez y la carnalidad. No tiene capacidad para entender a quién es que se le sirve y a quién es que se adora en el altar, es un espíritu contencioso y polémico que provoca división dentro del liderazgo. Los hijos de Elí se hicieron tenedores especiales para tomar la mejor ofrenda. Lo primero que este espíritu hace es instrumentalizar la adoración, es decir, convertirla en una rutina, en una mecánica de fuerza humana para así enterrar lo profético.

Hoy podemos ver cómo se manifiesta con gran sutileza en los ministerios. Los talentos adoradores, ministros y predicadores no entregan desde el altar todo lo que Dios les da, tienen sus tenedores para enganchar las mejores carnes. Hoy vemos cómo adoradores y predicadores usan sus dones y talentos para manipular a la gente. Podría decir: tienen tenedores que atrapan a las personas con palabras proféticas que controlan y manipulan, y así reciben la carne que quieren.

No viven ni se entregan en su totalidad a Dios, sino que retienen una parte específica para ellos, saciando así su ego. Pues este espíritu trata de tomar lo mejor y así traer deterioro al pueblo de Dios. Es un espíritu que trae división y frialdad para evitar un gran avivamiento. Con sus tenedores aleja personas del ministerio y causa la frialdad. Es un espíritu que se esconde detrás de los títulos, dones y talentos que Dios nos ha dado.

Este espíritu de Belial hay que llevarlo al altar y dejar que se queme con toda su carne, entonces siendo quemado y humillado en el fuego verá la Gloria de Dios y dará lugar para que venga el verdadero avivamiento que todos esperamos.

Capítulo 9

Espíritu de Caín

A Caín lo conocemos porque fue el primer homicida en la Biblia, el crimen de su hermano fue premeditado y fue el resultado de no aceptar el éxito de su hermano. Su corazón fue ganado por la ira, los celos y el enojo. Caín no supo manejar esta situación como familia, sino que tomó venganza y decidió terminar con la vida de su hermano Abel. Leamos un poco de su historia:

"Y habló Caín a su hermano Abel: y aconteció que estando ellos en el campo, Caín se levantó contra su hermano Abel, y le mató. Y Jehová dijo a Caín: ¿Dónde está Abel tu hermano? Y él respondió: No sé; ¿soy yo guarda de mi hermano? Y él le dijo: ¿Qué has hecho? La voz de la sangre de tu hermano clama a mí desde la tierra. Ahora pues, maldito seas tú de la tierra que abrió su boca para recibir la sangre de tu hermano de tu mano: Cuando labrares la tierra, no te volverá a dar su fuerza: errante y extranjero serás en la tierra".

Génesis 4: 8-12

Aquí vemos claramente que esto es un espíritu traicionero y desleal, pues cuando quiere terminar contigo lo hace por la espalda, sin pleitos ni discusión. Obviamente, vemos aquí también la envidia, cuando no aceptas lo que somos y las cosas que tenemos, entonces es cuando podremos tener obsesión de ser como otros o tener lo que otros tienen. Cuando vemos que otros son elogiados por lo que poseen, entonces queremos tener lo mismo, y esto es lo que llamamos envidia. La Biblia registra que Caín invitó a Abel al campo, pero ya él tenía la idea de traicionarlo y quitarle su vida. Aunque te parezca extraño este espíritu está operando junto a personas que amas, y cuando menos te lo esperes saldrá a la luz.

La Biblia dice en **Miqueas 7:5** *"No creáis en amigo, ni confíes en príncipe; de la que duerme a tu lado cuídate, no abras tu boca"*. No te está diciendo que te cuides de las esposas sino de todos aquellos que están de tu lado. Debes cuidarte al extremo. No todos los que te expresan amistad son dignos de tu confianza. Yo diría por experiencia que la mayor parte de las personas que están de tu lado no están enamoradas de ti, sino de algo que tienes que ellos no tienen. Muchos estarán a tu lado porque quieren un beneficio. Sus relaciones se basan en oportunidades y carecen de toda piedad. Hoy día tenemos cazadores de oportunidades que arman estrategias, planifican su maldad y la ejecutan sin compasión.

El espíritu de Caín surge de la frustración, del resentimiento de querer tener lo que no se ha ganado legítimamente. Es un espíritu que engaña y finge realmente quién es, para ganarse nuestros sentimientos. Así toma ventaja, asecha y mata. También se maneja de una manera sutil, se muestra muy colaborador, solidario, compasivo y tierno. Pero cuando cree tener la oportunidad saca sus garras y se comporta con crueldad. Es muy estratégico: por delante se muestra pasivo y complaciente, pero por detrás está maquinando y planeando cómo destruir.

Debemos cuidarnos de este espíritu que es inesperado y sorpresivo. Su gran objetivo es siempre matar y destruir, sacarnos de juego y destruirnos. No te confíes ni te sorprendas de los halagos y cortesías porque sabe estudiar bien su presa. Debe activar el discernimiento espiritual para estar siempre en alerta. Es necesario buscar la dirección de Dios para compartir sentimientos de amistad a otros. Debemos estar siempre preparados para el momento menos esperado de recibir un golpe por la espalda. Siempre damos, pero muchas veces lo que recibimos no viene de la misma manera que dimos. Caín en cualquier momento puede atacarlo, y sus ataques pueden ser muy dolorosos. Tenemos que estar preparados para defendernos, pero no haciendo venganza, si Dios está con nosotros él nos defenderá. Nunca tomes el hacha de Caín para defenderte. Recuerda la oración del salmista David:

"Que el SEÑOR te responda en el día de la angustia. Que el nombre del Dios de Jacob te ponga en alto.
2 Que desde el santuario te envíe ayuda, y desde Sión te sostenga.
3 Que se acuerde de todas tus ofrendas, y halle aceptable tu holocausto.
4 Que te conceda el deseo de tu corazón, y cumpla todos tus anhelos".

Salmos 20:1-4

Permitamos que sea Dios el Juez justo que tome todo el control de nuestros enemigos. Si hemos sufrido por algún problema, que sea Dios quien juzgue e intervenga por nosotros. Y si tal vez sientes que has traicionado a alguien, sé humilde para pedir perdón y restaurar esa relación. No queremos darle lugar al enojo y a la traición para que se apodere de nuestras vidas. Estaríamos abriéndole la puerta a Caín para destruir y matar a los que amamos. Caín fue completamente cegado por el enojo, de tal manera que lo llevó a matar a su hermano Abel. Reprendamos todo espíritu de Caín de nuestras vidas, familias y generaciones en el Nombre de Jesucristo.

Capítulo 10

Espíritu de Coré

Coré es el famoso primo hermano de Moisés que era reconocido como un levita que tenía funciones especiales dentro del tabernáculo; sin embargo, llegó un momento en su vida que desentendió sus funciones y se dedicó a conspirar a los líderes que estaban en eminencia. Se encargó de hacer un comité de quejas para confrontar a Moisés y Aarón. Sus reclamos o quejas estaban basados en tres puntos:

1) Tú no eres mejor que otro…
2) Todos en Israel han sido escogidos por Dios…
3) No tenemos que obedecerte…

Leamos un poco de su historia:

"Y se rebeló Coré, hijo de Izhar, hijo de Coat, hijo de Leví, con Datán y Abiram, hijos de Eliab, y On, hijo de Pelet, hijos de Rubén, [2] y se alzaron contra Moisés, junto con algunos de los hijos de Israel, doscientos cincuenta jefes de la congregación, escogidos en la asamblea, hombres de renombre. [3] Y se juntaron contra Moisés y Aarón, y les dijeron: ¡Basta ya de vosotros! Porque toda la congregación, todos ellos son santos, y el SEÑOR está en medio de ellos. ¿Por qué, entonces, os levantáis por encima de la asamblea del SEÑOR?[4] Cuando Moisés

escuchó esto, cayó sobre su rostro; [5] y habló a Coré y a todo su grupo, diciendo: Mañana temprano el Señor mostrará quién es de Él, y quién es santo, y lo acercará a sí; aquel a quien Él escoja, lo acercará a sí. [6] Haced esto, Coré y todo vuestro grupo: tomad incensarios para vosotros, [7] y poned fuego en ellos, y echad incienso sobre ellos mañana en la presencia del Señor; y el hombre a quien el Señor escoja será el que es santo. ¡Basta ya de vosotros, hijos de Leví![8] Entonces Moisés dijo a Coré: Oíd ahora, hijos de Leví. [9] ¿No os es suficiente que el Dios de Israel os haya separado del *resto de la congregación de Israel, para acercaros a sí, a fin de cumplir el ministerio del tabernáculo del Señor, y para estar ante la congregación para ministrarles, [10] y que se te ha acercado a ti, Coré, y a todos tus hermanos, hijos de Leví, contigo? ¿Y pretendéis también el sacerdocio?"*

Números 16:1-10

Las protestas de Coré parecían valederas, pero desafortunadamente estaban distorsionadas y fuera del plan y la Voluntad de Dios. En estos tiempos que vivimos debemos prestar mucha atención a los que nos rodean, ya que un líder puede aparentar que posee todas las cualidades necesarias para ocupar una posición principal, pero puede aprovecharse para motivar a otros y así arrastrarlos con él. Muchos sienten que es su momento, pero tal vez no lo es, ni tampoco el propósito de Dios en su vida. Esta es la diferencia con los líderes que Dios ha puesto, a quienes debemos respetar aunque no siempre colmen todas nuestras aspiraciones, porque están en el momento y tiempo necesario para llevar a cabo una función.

Coré se disfrazó de nobleza y se aprovechó de su posición para exponer que las cosas se hagan bien y que mejoren, pero su real motivación no estaba alineada al Propósito de Dios. Coré tuvo que ser erradicado del pueblo de Dios porque lejos de dedicarse con esmero y dedicación a sus funciones, comenzó a delirar con la posición de autoridad de Moisés. Lamentablemente, Coré se olvidó que Moisés había sido llamado por Dios para ocupar la posición, él se levantó contra sus autoridades, habló mal y actuó en contra de sus líderes. Este espíritu se ha levantado y propagado dentro de la iglesia de tal manera que no hay un solo líder o pastor que no esté herido y su corazón lastimado por este espíritu. Debemos poner toda nuestra confianza en Dios.

La historia de Coré nos advierte que debemos sujetarnos a nuestros líderes y que es una falta grave intentar desmeritarlos atacando su autoridad y desconociendo el verdadero sufrimiento en el ministerio y llamado. Estas son acciones que vemos con frecuencia aun aplicando erróneamente la palabra de Dios. Debemos cuidar que nuestras aspiraciones sean correctas y estén en el plan y el tiempo de Dios, porque si no estamos contentos con lo que tenemos, podemos llegar a perderlo todo.

El espíritu de Coré procura tomar control y desconocer toda autoridad, ya que no tiene ninguna inclinación a someterse. Quiere que lo escuchen por encima de la voz del líder. Este espíritu no se somete a nadie y odia ver a otros que se sujeten a la autoridad. La Biblia registra que Coré y sus seguidores fueron tragados vivos por la tierra y consumidos por el fuego. Y esto significa que todos aquellos que sigan las instrucciones de Coré, los arrastrará hasta llevarlos a la muerte. Es importante acercarnos con amor a nuestros hermanos para amonestarlos. Hay que entender que un líder puede equivocarse, pero eso no nos da licencia para murmurar contra él e intentar desacreditarlo delante de otros y convertirnos en sus enemigos. Siempre debemos estar dispuestos a apoyar a nuestros líderes en cualquier situación que puedan experimentar.

Reprendamos todo espíritu de traición y que sea el Señor quien nos dé Su guía para hacer lo correcto con nuestros líderes.

Capítulo 11

Espíritu de Fariseo

"!Ay de vosotros, escribas y fariseos, hipócritas! porque edificáis los sepulcros de los profetas, y adornáis los monumentos de los justos, [30] y decís: Si hubiésemos vivido en los días de nuestros padres, no hubiéramos sido sus cómplices en la sangre de los profetas. [31] Así que dais testimonio contra vosotros mismos, de que sois hijos de aquellos que mataron a los profetas. [32] !Vosotros también llenad la medida de vuestros padres!".

Mateo 23:29-32

Es un espíritu religioso y tradicionalista. Lo vemos muy frecuente en el escenario en que se desarrolló la vida ministerial de Jesús. Los escribas y los fariseos estaban siempre buscando el motivo para contradecir lo que Jesús decía al pueblo. Dentro de sus características está que aborrece todo lo nuevo y se resiste a los cambios, pues estos le producen pérdida y dolor. Este espíritu legalista no está listo para ver lo nuevo de Dios, piensa que no lo necesita y cada vez que se anuncie algo nuevo estará en gran oposición. Todos los que se aferran al legalismo están atrapados a leyes y estatutos religiosos, son personas que muestran una falsa humildad y se creen muy santas o espirituales. Es una doctrina que enfatiza la inmortalidad del alma, y la resurrección de los espíritus buenos o cuerpos externos.

Los fariseos rechazan todo lo apostólico y profético, en cambio, tratan de dirigir a las personas en sus propias tradiciones y leyes. El mismo Jesús se dirigió a ellos: *Ay de vosotros, escribas y fariseos, hipócritas! porque sois sepulcros blanqueados que por fuera se muestran hermosos y por dentro están llenos de inmundicia con huesos secos y muertos.* Parecen hombres justos, pero están llenos de hipocresía. El legalismo es algo que sucede desde el interior de la religión y se envuelve en una coraza de santidad y pureza que se torna impenetrable porque aman más la ley que el Dador de la ley. Es una atadura que hace que la gente se vea a sí misma y se contemple orgullosa de su capacidad para cumplir con las demandas de Dios. Es por lo que Jesús los ignoraba y nunca trató de dialogar con ellos, debido a que no eran personas flexibles, sino agresivas, intolerantes, con postura punzante y llenas de terquedad. Una de sus características es que son contrarias a la espiritualidad y no se conforman con asumir sus propias prácticas, sino que critican y condenan a quienes no comparten sus criterios y normas.

El espíritu fariseo está empeñado en convencer a Dios de que merece su favor y su misericordia. Este espíritu aparece en congregaciones y grupos que imponen las rutinas religiosas que ellos entienden que hay que seguir para estar al alcance del favor de Dios. Por esta razón el legalismo es contrario a la Gracia de Dios, porque depende del esfuerzo humano. El fariseísmo se muestra orgulloso de su propia justicia y de su propio parecer, pero está muy lejos de Dios. En **Lucas 18:9-14** Jesús contó una parábola donde dos hombres subieron a un templo a orar. Uno era un fariseo y cuando comenzó a orar dijo: "Oh Dios, te doy gracias porque no soy como otros hombres: ladrones, malhechores, adúlteros, ni mucho menos un recaudador de impuestos, ayuno dos veces al día y doy la décima parte de lo que recibo". En cambio, el otro hombre ni siquiera alzaba los ojos a los cielos y le dijo a Dios: "Oh Dios, ten compasión de mí que soy pecador". Cuánto tenemos que aprender de este último hombre que reconoció, delante de Dios, que era un pecador y se humilló.

"Reprendamos todo espíritu de fariseísmo y pidámosle al Espíritu de Dios que seamos leales y transparentes delante de Dios para no aparentar, sino ser un hecho delante de los que nos rodean".

Capítulo 12

Espíritu de Grecia

Este es el espíritu de secularismo, del intelectualismo humano y de la exaltación del "yo" que se opone a todo lo que es sobrenatural, no soporta lo profético, es escéptico frente a los milagros y no aprecia los dones del Espíritu que operan en los hombres de Dios. Tiene especial preferencia por los temas racionales y especulativos y reacciona siempre con sospecha ante la verdad. Se inclina por las explicaciones complejas; es muy cuestionador y crítico pues no quiere sujetarse a algo de lo que no está racionalmente convencido. Su actitud frente a la vida espiritual sugiere distancia y menosprecio.

Leamos qué nos dice la Biblia:

> *"Pero he aquí, uno con semejanza de hijo de hombre tocó mis labios. Entonces abrí mi boca y hablé, y dije al que estaba delante de mí: Señor mío, con la visión me han sobrevenido dolores, y no me queda fuerza. ¿Cómo, pues, podrá el siervo de mi señor hablar con mi señor? Porque al instante me faltó la fuerza, y no me quedó aliento. Y aquel que tenía semejanza de hombre me tocó otra vez, y me fortaleció, y me dijo: Muy amado, no temas; la paz sea contigo; esfuérzate y aliéntate. Y mientras él me hablaba, recobré las fuerzas, y dije: Hable mi señor, porque me has fortalecido.* Él me dijo: ¿Sa-

bes por qué he venido a ti? Pues ahora tengo que volver para pelear contra el príncipe de Persia; y al terminar con él, el príncipe de Grecia vendrá. *Pero yo te declararé lo que está escrito en el libro de la verdad; y ninguno me ayuda contra ellos, sino Miguel vuestro príncipe".*

Daniel 10:16-21

Este espíritu de Grecia ve con indiferencia a la autoridad, no reconoce la manifestación de dones como las lenguas y las sanidades en los eventos liberadores que Dios propicia en medio de la adoración y la alabanza. Este espíritu jamás tendrá una experiencia espiritual y estremecedora; en cambio, critica lo que no conoce y desprecia cualquier comentario que intente sacarlo de su lógica o enfoque racional y calculado. El espíritu de Grecia es el que tiene la postura que exalta lo conocible y razonable. El grave problema del espíritu de Grecia es que maneja el conocimiento como si fuera una propiedad independiente de Dios. En el libro de Santiago dice:

Santiago 1:17

"Toda buena dádiva y todo don perfecto desciende de lo alto, del Padre de las luces, en el cual no hay mudanza, ni sombra de variación".

Grecia tiende a explicar con base al razonamiento humano, considera ridículo ver las fuerzas de Satanás actuando, aun ante las más terribles acciones de violencia. Este es el seno de una intelectualidad corrompida y de los crímenes más repudiables que conoce la historia de la humanidad, como "superhombres". Algo importante que no debemos olvidar es que los vasos que exhiben el mejor arte, fueron primero vasos de barro, es decir, lodo de tierra sin valor, que solo adquieren su precio cuando pasan por las manos del diestro y creativo alfarero. También analiza los sermones por sus aspectos formales y esto le impide escuchar la Voz de Dios. Se sienten con valor cuando los comparan y descalifican a todos los que no ajusten a sus parámetros. Siempre citan a un pastor que predique mejor, que sabe más, que tiene mejor formación y nivel académico.

Cuando alguien es afectado por el espíritu de Grecia se corre el riesgo de la contaminación de la enseñanza, porque está inconforme con lo que recibe en la iglesia, anda buscando maestros porque quiere distinguirse de sus hermanos, quienes, según él, se conforman con lo mismo. Para sacudirse de este espíritu de Grecia hay que someter nuestros conocimientos a Dios, entender que a Él no lo podemos conocer a través de nuestro razonamiento pues para conocer a Dios hay que aceptar Su Soberanía y darle nuestra mejor adoración aunque se pierda la compostura. Solo hazlo de corazón. Hay que volvernos locos por Cristo como lo hizo David cuando danzaba celebrando la reconquista del arca.

Reprendamos todo espíritu de Grecia y seamos sensibles a su voz para reconocer su Poder en nosotros. Someta sus conocimientos a Dios y deje que sea el espíritu de Dios gobernando en su vida.

Capítulo 13

Espíritu de Goliat

Este es un espíritu intimidante, su arma es el miedo que puede infundir en los que le rodean. Su labor es infundir temor y así poder anular todo propósito. Leamos lo que nos narra la Biblia de este gigante.

"Entonces dijo David al filisteo: Tú vienes a mí con espada y lanza y jabalina; mas yo vengo a ti en el nombre de Jehová de los ejércitos, el Dios de los escuadrones de Israel, a quien tú has provocado. Jehová te entregará hoy en mi mano, y yo te venceré, y te cortaré la cabeza, y daré hoy los cuerpos de los filisteos a las aves del cielo y a las bestias de la tierra; y toda la tierra sabrá que hay Dios en Israel. Y sabrá toda esta congregación que Jehová no salva con espada y con lanza; porque de Jehová es la batalla, y él os entregará en nuestras manos".

1 Samuel 17:45-47

Este gigante nos desafía día a día en nuestro diario vivir. Trata de atemorizarnos creyendo que nos va a derrotar. Su voz, impulsada por jactancia y altanería, pretende hacerse escuchar como una proclama fatal que anuncia nuestro final. Como hijos de Dios debemos tener presente que Dios pelea por nosotros si somos leales y obedientes a su Palabra.

Notemos que David tomó una piedra en su mano y con el lanzamiento de esta, pudo acabar con el gigante. Solo una piedra de fe pudo destruir ese gigante, con las instrucciones de Dios. No olvidemos que el miedo es un factor que puede afectar nuestra puntería. Debemos prepararnos espiritual y psicológicamente para vencer cualquier gigante que se levante contra nosotros. Derribemos a todo Goliat que se nos atraviese en el camino, para que sepan que el Todopoderoso está de nuestro lado, y el miedo y las palabras amenazantes no podrán inmovilizarnos.

Este espíritu por lo general se presenta impotente, pero cuando lo atacas cae de un solo golpe. Si le crees a todo lo que te dice él lastimará tu autoestima, se burlará, se reirá y te menospreciará y no reconocerá nada en ti. En otras palabras, te hará sentir como una basura, para que pierdas la confianza en Dios y en ti mismo. Trata de derrotarte en tu mente diciéndote cosas que tú no eres y que son contrarias a lo que Dios estableció en tu vida. La Biblia nos relata diversas historias y situaciones donde espíritus influyeron por conductas humanas que aparecen unas a favor de Dios y otras enfrentando o siendo indiferentes a Él. El enfrentamiento entre David y Goliat contiene la gran lucha que libran personas que confían en Dios contra Satanás, incluso contra aquellos que se oponen. Asegurémonos que en nuestras luchas siempre estaremos de parte de Dios.

Tome hoy en sus manos las piedras de la victoria, dé un paso al frente, con mucha seguridad, convencido que va a

dar en el blanco, no permita que el miedo y la duda lo atemoricen. Lance la piedra de fe, perseverancia, obediencia, adoración, alabanza en el Nombre de Jesucristo y verá ante sus ojos cómo el gigante empieza a rodar por tierra. No olvide que la prueba produce paciencia y la paciencia nos forma el carácter. Mientras más fe tengamos más aferrados estaremos para derrotar a Goliat.

Capítulo 14

Espíritu de Herodes

Este espíritu es el que se cree uno de los dioses poderosos, cree que el mundo entero debe estar a su servicio. Con mucha frecuencia este espíritu se torna caprichoso y trabaja con inesperadas ocurrencias. Herodes piensa que la vida y todo lo que existe debe alinearse a él, o a su estado de ánimo que él sienta en ese momento.

"Pero cuando se celebraba el cumpleaños de Herodes, la hija de Herodías danzó en medio, y agradó a Herodes, por lo cual este le prometió con juramento darle todo lo que pidiese. Ella, instruida primero por su madre, dijo: Dame aquí en un plato la cabeza de Juan el Bautista. Entonces el rey se entristeció; pero a causa del juramento, y de los que estaban con él a la mesa, mandó que se la diesen, y ordenó decapitar a Juan en la cárcel. Y fue traída su cabeza en un plato, y dada a la muchacha; y ella la presentó a su madre. Entonces llegaron sus discípulos, y tomaron el cuerpo y lo enterraron; y fueron y dieron las nuevas a Jesús".

Mateo 14: 6-12

Herodes Antipas el día de su cumpleaños estaba alegre y complaciente. La hija de Herodes, llamada Salomé, bailó delante de todos y tanto agradó a Herodes, que le prometió bajo juramento darle cualquier cosa que le pidiera. Instada por su madre le pidió: "*Dame en una bandeja la cabeza de Juan el Bautista*". Herodes podría haberse retractado ante esta cruel petición, pero él no lo hizo para no mostrarse débil ante los espectadores.

El significado de Herodes es *dragón de fuego, el asesino de los inocentes*. Realmente su significado es lo que realmente es y una de sus grandes cualidades es ser un asesino de inocentes.

Herodes Agripa (otro de los Herodes que aparece en el Nuevo Testamento) estaba tan enojado con los habitantes de Tiro y Sidón que un grupo de ellos quería sobornar a Blasto, quien era su asistente personal mas cercano, para que los recibiera. Obviamente, la estrategia funcionó porque Herodes les prometió que los escucharía. Entonces Herodes cambió de ánimo, se presentó ese día con ropas brillantes y atractivas para responder a la demanda de los congregados. La Biblia nos dice que les habló con elocuencia y se resaltó su poder persuasivo.

> *"Y Herodes estaba enojado contra los de Tiro y de Sidón; pero ellos vinieron de acuerdo ante él, y sobornado Blasto, que era camarero mayor del rey, pedían paz, porque su territorio era abastecido por el del rey. Y un día señalado, Herodes, vestido de ropas reales, se sentó en el tribunal y les arengó. Y el pueblo aclamaba gritando: ¡Voz de Dios, y no de hombre! Al momento un ángel del Señor le hirió, por cuanto no dio la gloria a Dios; y expiró comido de gusanos".*
>
> **Hechos 12:20-23**

Dice la Biblia que el pueblo reunido comenzó a gritar ¡Voz de Dios, y no de hombre! Y al momento un ángel del Señor le hirió, por cuanto no dio la gloria a Dios; y expiró comido de gusanos.

Capítulo 15

Espíritu de Saúl

Saúl es otro ejemplo. A él no le bastó ser rey, sino que desconoció las palabras proféticas del profeta Samuel, e hizo todo como mejor le pareció. Dios cortó de raíz la presunción, la soberbia y la obstinación de este Rey. Igual hizo con el Rey Nabucodonosor, a quien lo puso a comer hierbas con las bestias del campo porque en el ejercicio de su poderío creyó ser igual a Dios. Así hay muchos que buscan poder porque suponen que desde el poder todo está permitido y quieren vivir a su manera. Hay que entender que el poder tiene diversas expresiones. Si hablamos de poder pensamos en la política y existen otras formas de poder que están a nuestro alcance inmediato y las usamos igual para abusar, manipular, oprimir y engañar, presumiendo que somos superiores a los demás.

Hay muchos que realizan estudios porque necesitan poder. Cuando terminan y se gradúan hacen de su profesión un palacio. Se vuelven arrogantes y pierden la cortesía, se vuelven superiores a todos los que le rodean, especialmente a aquellos que tuvieron la oportunidad y no lo pudieron lograr. Estos son los que no utilizan la profesión para servir a la comunidad, sino que se aprovechan y ensanchan su vanidad.

El espíritu de Herodes se manifiesta en aquellos que buscan posición, especialmente de mando, que están dirigiendo a otras personas. Hay unos que desempeñan labores por mucho tiempo y en algún momento los ascienden a otra posición superior, es allí donde cambian su carácter y se vuelven déspotas y hacen alianza con otros que están en el poder para que los alimenten y se sientan engrandecidos.

Aprendamos a ser humildes y, aunque estemos en posiciones que no sean de poder, seamos iguales y no cambiemos cuando seamos promovidos. No demos lugar al espíritu de Herodes, de aprovecharnos de la inocencia de otros y los destruyamos en todas las áreas. Reprendamos todo espíritu de Herodes en nuestras vidas y mantengámonos humildes esperando el momento de nuestra promoción para darle la Gloria a Dios.

Capítulo 16

Espíritu de Jezabel

Hay ciertos espíritus que atacan las congregaciones, estos espíritus parecen especializarse en minar el cuerpo de Cristo en cada localidad. La iglesia en estos tiempos le ha dado nombres para identificarlos.

> *"Pero tengo unas pocas cosas contra ti: que toleras que esa mujer Jezabel, que se dice profetisa, enseñe y seduzca a mis siervos a fornicar y a comer cosas sacrificadas a los ídolos".*
> **Apocalipsis 2:20**

La Biblia nos dice que el profeta Elías luchó una batalla contra Jezabel, esposa del rey Acab. Dios levantó a este profeta durante la época en que Jezabel estaba destruyendo la nación mediante la idolatría y la brujería. Este espíritu siempre buscará destruir y obstaculizar el desarrollo del ministerio profético en una iglesia. Jezabel tratará de matar a los verdaderos profetas. El espíritu de Jezabel opera mediante los miembros de una congregación y es responsable de las falsas profecías, opera mediante adivinación, control, manipulación y dominación. También es responsable de la falsa enseñanza y la impureza sexual.

Este espíritu ha destruido muchas familias, congregaciones y líderes que les encanta estar en una posición de liderazgo. Jezabel obtiene influencia incitando a la calumnia, crítica para hacer daño a los líderes ordenados de la iglesia y así destruirlos y controlarlos. Este espíritu fomenta temor, abandono y desánimo, con frecuencia, impulsando a un líder espiritual a abandonar su puesto designado, como hizo con Elías. Cada año vemos cómo líderes espirituales y gubernamentales que abandonan sus posiciones debido al desánimo, confusión, depresión, falta de visión, desesperación, desorientación, sentimiento de indignidad, derrota, agotamiento, enfermedad física, insuficiencia económica, asesinato del carácter, fracaso moral y mucho más.

Este espíritu también aborrece a los profetas, porque ellos son su mayor amenaza. Intentará cortar con la intercesión y con la oración de la iglesia. Jezabel fue capaz de obtener poder e influencia sobre Israel mediante el matrimonio con el rey Acab. El matrimonio es un pacto y ese pacto le dio a Jezabel el derecho legal a entrar a Israel, llevando con ella su idolatría, brujería y prostitución. Esto debe ser una alerta para los lideres que debemos saber con quién hacemos pactos. (Un pacto incorrecto puede abrir una puerta incorrecta). Los profetas caminan en discernimiento y pueden detectar a Jezabel. Debemos siempre orar por nuestros líderes para que tengan la protección de Dios para evitar que Jezabel controle ciertas circunstancias.

"La mayor influencia de Jezabel la veremos en la falsa enseñanza y los esfuerzos por controlar decisiones".

Este espíritu causa que las iglesias sean guiadas más por la carne que por el Espíritu Santo. Una iglesia no puede estar sana con la influencia de un espíritu de Jezabel seductor, que seduce los creyentes y los desvía del propósito de Dios. Este espíritu desvía a toda la iglesia de la pureza e interfiere en la verdadera adoración. Cuando este espíritu está presente, espíritus de perversión, adulterio, inmoralidad y fornicación correrán en un grupo de personas, la calumnia y la crítica serán las marcas de este espíritu.

La verdad es que este espíritu es bien difícil de distinguir, si no se usan los dones del Espíritu Santo, pues a veces creemos que estamos frente a un profeta. Este espíritu tiene especial preferencia por atacar a aquellos que buscan posiciones sin llamado, buscan más el poder para dominar a otros que las fuerzas que necesitan para desarrollar su propio carácter. Quienes buscan alcanzar niveles de autoridad y promoverse en las esferas de liderazgo, deben tener la suficiente agudeza para identificar y combatir el espíritu de Jezabel, que siempre está rodeando a los que están en posición de autoridad y no tienen claras sus responsabilidades.

Esta sociedad está dominada por el espíritu de Jezabel. El control social, los medios de comunicación, gran parte del estilo de vida que vemos hoy, están dominados por este espíritu. Este espíritu está minando el núcleo familiar, está amenazando la salud espiritual de la iglesia, y está corrompiendo a la sociedad en general. Opera como un espíritu de seducción y de fornicación, odia el espíritu profético y resiste el fuego del Espíritu Santo que representaba al profeta Elías, el siervo enviado por Dios lleno de poder y de manifestaciones gloriosas para los últimos días.

Para cerrarle las brechas a este espíritu tenemos que reconocer que el principio de autoridad emana de Dios. Hay que entender que cuando se usurpa la autoridad establecida, cuando alcanzamos niveles de liderazgo para satisfacer nuestra vanidad personal sin tener el llamado de Dios, estamos expuestos a ejercer el poder como lo hicieron Acab y Jezabel, cuya gestión trajo miseria material y ruina espiritual al pueblo de Israel. Jezabel, como todos los que le siguen sus pasos, murió pisoteada por los caballos y devorada por los perros. Cuando intentaron sepultarla no hallaron de ella más que los huesos de la calavera, los pies y las palmas de las manos.

Reprendamos todo engaño de Jezabel y declaremos que este espíritu es inoperante y que no tocará a ninguno de nuestra generación y hasta la cuarta generación.

Capítulo 17

Espíritu de Judas

Este espíritu es el espíritu de traición y engaño que lo conocemos queriendo afectar la vida ministerial de Jesús. En la última cena los discípulos se preguntaban quién de los que estaban sentados a la mesa traicionaría al Maestro. Y esto daba clara evidencia de que Judas guardaba con discreción y astucia toda la malicia y el pecado que tenía en su corazón. Él acumuló sentimientos de odio homicida, de destrucción, deslealtad y traición. Él fue el gran oponente de Jesús y aun hoy se opone a todo lo que tenga que ver con el Reino de Dios. Este es un espíritu peligroso y fatal que algunos pretenden practicarlo.

"Mientras todavía hablaba, vino Judas, uno de los doce, y con él mucha gente con espadas y palos, de parte de los principales sacerdotes y de los ancianos del pueblo. Y el que le entregaba les había dado señal, diciendo: Al que yo besare, ése es; prendedle. Y en seguida se acercó a Jesús y dijo: ¡-Salve, Maestro! Y le besó. Y Jesús le dijo: Amigo, ¿a qué vienes? Entonces se acercaron y echaron mano a Jesús, y le prendieron".

Mateo 26:47-50

Este espíritu es muy hábil, pues se gana rápido la confianza y presume de eficiente, colaborador y desinteresado. Este espíritu no va por cosas que no tienen valor, al contrario, va tras aquellos que tienen llamado y unción para establecer el Reino de Dios. Él sabe muy bien estudiar con cautela, asechar y tiene gran capacidad de espera. A demás, no le importa el tiempo que sea necesario para dar su golpe, pero de manera destructiva. Sabe estudiar muy bien a sus víctimas, es muy selectivo y oportunista.

Otra área importante de Judas es que se manifiesta en hombres y mujeres posesivos y pretenciosos. Se fija mucho en aquellas personas que les gusta la vida fácil y están pendientes de las propiedades ajenas. Las mujeres solteras deben cuidarse de este espíritu porque tiene un instinto sexual voraz y agresivo que disimula con gestos de caballerosidad y finas cortesías. También se muestra interesado en necesidades en la iglesia, aparenta ser muy caritativo y de buena fe, pero sus aportes no se concretarán porque no pone dinero en ninguna parte. Es un espíritu que no tiene escrúpulos y es capaz de todo. Son muy solitarios y fríos. Judas es un espíritu que provoca mucha desilusión.

Los Judas están hoy en la iglesia, los que dicen ser fieles, pero realmente no lo son. Son los que no piensan dos veces en cómo traicionar a su hermano para entregarlo a la destrucción espiritual y moral, porque esos deleites forman parte de sus deleites y gozo, donde muchas veces escuchamos: "Yo sabía que ese no iba a durar mucho en el ministerio", "Yo sabía que a ese hermano se le apagaría el fuego". Y todo esto lo expresan sin que el hermano hiciera nada, pero si cayera en pecado es la plataforma que usa para gozarse y se deleita en que su hermano se sienta avergonzado. Judas realmente comparte contigo, pero no está de acuerdo contigo. Él calcula muy bien lo que va a hacer, es fuerte en la deslealtad.

La Biblia dice en ***Mateo 26:14-15***

> *"Entonces uno de los doce, que se llamaba Judas Iscariote, fue a los principales sacerdotes. y les dijo: ¿Qué me queréis dar, y yo os lo entregaré? Y ellos le asignaron treinta piezas de plata".*

¿Qué vemos aquí? Que los más peligrosos no son los de afuera, sino los que están adentro, los que están más cerca de nosotros con corazones desleales. Judas tenía un corazón desleal y malo, estaba esperando criticar a Jesús, los desleales tienen algo característico: juzgan a sus líderes y están prontos a mirar siempre los defectos de los demás. En este sentido, hay que prestar atención a lo que decía Jesús en Mateo ***12:30:*** *"El que no es conmigo, contra mí es; y el que conmigo no recoge, desparrama".*

La única interpretación de este pasaje es que el liderazgo exige que el discípulo esté con lealtad y en un solo corazón con su líder, si no termina haciendo lo contrario y desparramando lo que el líder trabajó para juntar. La lealtad se trata básicamente de cumplir con lo que hemos prometido, incluso cuando las circunstancias son adversas. **La lealtad es una virtud,** y como tal debemos desarrollarla desde nuestra conciencia. Ser leal con otra persona es una obligación moral que tenemos con una pareja, un amigo, un compañero de trabajo, un familiar.

Quien se opone a la lealtad es un traidor y los traidores terminan finalmente quedándose solos, ya que pierden la confianza que se les tiene. Acompaña la lealtad el compromiso con la otra persona en las buenas y en las malas. Suele suceder que las relaciones amorosas son casuales, las amistades poco duraderas y la situación laboral un mero hecho de obtener dinero. Sin embargo, hay muchas personas que eligen ser leales a una pareja, hacer todo por un amigo y estar bien en su empleo. El hecho de que una persona sea leal significa que no utilizará a la otra persona solo cuando la necesite. Una persona que no es leal aparece solo cuando necesita algo, y nos deja de lado cuando lo necesitamos. **La traición genera sentimientos de tristeza** y decepción en quien es traicionado, y de esta manera se rompen los vínculos de manera drástica.

La amistad se forja a partir de dos personas que son leales mutuamente, que se conocen y entablan un vínculo de amistad a partir de una lealtad mutua. Este compromiso que tenemos con el otro se corresponde con el amor que ponemos en cada acción.

Existen actitudes desleales. Una persona que no es leal a sus amigos, familiares, compañeros de trabajo o pareja, mostrará ciertas actitudes que son típicas de una persona desleal.

- **Critica al otro:** en primer lugar, una persona desleal critica al otro, destaca los defectos de la otra persona.

- **Cuenta secretos que fueron confiados:** por otro lado, habla a los demás de los secretos que otro le ha contado. No respeta la confianza del otro.

- **No valora las amistades**: además, puede dejar sus amistades sin razón.

- **No da su mejor esfuerzo en el trabajo:** con respecto al trabajo, no pone su mejor esfuerzo al hacer o para terminar una tarea. Además, suele cobrar más por un trabajo hecho y pactado. Quien es leal no da la espalda a quien es su amigo. Con la lealtad hay una cuestión de honor, fidelidad, gratitud y sobre todo de honrar a Dios con nuestras actitudes y decisiones. Por eso ahora cancelamos toda mentira de Judas y decidimos ser leales y actuar en hermandad y en amor. Toda traición, engaño y venganza la echamos fuera en el nombre de Jesús.

Capítulo 18

Espíritu de Leviatán

Leviatán es una bestia marina del Antiguo Testamento que a menudo es asociada con Satanás. Ha sido identificado en numerosas ocasiones con un monstruo terrible y despiadado que ha hecho su hábitat en las profundidades donde duermen las aguas más insondables del océano. Leviatán se conoce como un animal grande y de estructura indefinida. El significado de su nombre es "Rey de Orgullo".

"En aquel día Jehová castigará con su espada dura, grande y fuerte al leviatán serpiente veloz, y al leviatán serpiente tortuosa; y matará al dragón que está en el mar".
Isaías 27:1

El orgullo es una fuerza gigantesca levantada sobre las profundidades del alma. Es una raíz muy fuerte que sustenta otros sentimientos que separan y alejan a los hombres unos de otros. Como el Leviatán, la soberbia y el orgullo humano hacen presencia de forma sutil, escurridiza y fantástica. Nunca se muestra visible; mucho menos tan terrible y dañino como realmente es. Los ministros del Señor, hombres y mujeres, corremos el riesgo de ser visitados por el peor de los monstruos, este se llama orgullo.

Muchas veces vemos cómo las personas quieren acercarse al pastor que predicó el sermón y los servidores le dicen: "Alto ahí, no puede pasar, este hombre, cuando está bajo la unción de Dios, quien lo toca puede morir". A Jesucristo uno lo tocaba y sanaba y este uno lo toca y mata. Esto es lo que le podemos llamar el espíritu de Leviatán, donde gobierna y se manifiesta en poses extravagantes y en exigencias desmedidas que hacen algunos ministros para moverse a un lugar a predicar un mensaje. El Leviatán es un monstruo no afectivo y distante, es una serpiente sinuosa que goza de los aplausos de la multitud, pero ha perdido el calor familiar y el apoyo emocional de sus colaboradores cercanos.

Muy a menudo Leviatán presume de una integridad y perfección que realmente no posee. Trata con superioridad a quienes están a su alrededor. No admite errores, y si lo hace culpa directa o indirectamente a otros por sus fallas o pecados. Aleja con su altivez a quienes le aman. Es un tirano que le gusta solo dar órdenes y mandatos, pero sabe dibujar una sonrisa cuando está en el púlpito, que solo sabe abrir los brazos cuando está frente a todos porque sabe que desde ahí no puede abrazar a ninguno. El espíritu de grandeza lo hunde en el océano de su propia soledad, quiere bastarse a sí mismo y se pierde en las sombras más oscuras y profundas de su yo posesivo y solitario.

Podríamos resumir que Leviatán es un pez solitario con una vida social tortuosa que pocas veces asoma la cabeza a la superficie para respirar el aire de la compañía solidaria y sincera de otros. Este dragón feroz que se llama orgullo sopla un aire que nos hace creer que somos superiores, que nos hace creer que estamos hechos de una costura distinta a los demás y para conservar nuestra investidura ministerial debemos marcar distancia, hacernos intocables, romper los lazos de familiaridad con aquellos que nos rodean.

El orgullo impide que veamos y nos acerquemos a los demás, nos priva de la oportunidad de servir a otras personas. Este espíritu fue el que llevó a Satanás a levantarse contra Dios, pues el orgullo te impide ver la dimensión de los otros. El fin de los altivos es estar lejos. **(Salmos 138:6)**

Reprendamos todo espíritu de Leviatán y todo orgullo y altivez deben alejarse de nuestras vidas en el Nombre de Jesucristo.

Capítulo 19

Espíritu de Lot

La Biblia nos narra la historia de Abraham y Lot que puede ser calificada como una crisis en medio de la abundancia. La situación surgió porque había muchas posesiones y el espacio era pequeño para que estos dos patriarcas y líderes compartieran las haciendas.

Leamos un poco:

"Y la tierra no era suficiente para que habitasen juntos, pues sus posesiones eran muchas, y no podían morar en un mismo lugar.[7] *Y hubo contienda entre los pastores del ganado de Abram y los pastores del ganado de Lot; y el cananeo y el ferezeo habitaban entonces en la tierra.* [8] *Entonces Abram dijo a Lot: No haya ahora altercado entre nosotros dos, entre mis pastores y los tuyos, porque somos hermanos.* [9] *¿No está toda la tierra delante de ti? Yo te ruego que te apartes de mí. Si fueres a la mano izquierda, yo iré a la derecha; y si tú a la derecha, yo iré a la izquierda.* [10] *Y alzó Lot sus ojos, y vio toda la llanura del Jordán, que toda ella era de riego, como el huerto de Jehová, como la tierra de Egipto en la dirección de Zoar, antes que destruyese Jehová a Sodoma y a Gomorra.* [11] *Entonces Lot escogió para sí toda la llanura del Jordán; y*

se fue Lot hacia el oriente, y se apartaron el uno del otro".
Génesis 13: 6-11

Este pasaje bíblico nos revela a un Abraham tolerante y que cede para no generar conflictos, y de un Lot que no se altera, pero que se aprovecha de la situación para sacar la mejor parte. Este espíritu de Lot es el que fomenta el celo ministerial y envidia entre los ministros o ministerios. Es una inclinación que le hace anhelar a un ministro lo que Dios ha puesto en otro, sin tomar en cuenta lo que ha sido depositado en su vida de parte de Dios. Este espíritu tiende a colocarse en medio para determinar quién controla a quién. Tiene el potencial de impedir que veas tus dones, el campo específico de tu llamado y todas tus limitaciones de alcance.

En esta porción de la Biblia (Génesis 13), pone claramente de relieve que Abraham era un pacifista, experto manejando conflictos, un hombre sabio que no se dejaba arrastrar fácilmente por pleitos y contiendas, mientras que Lot era el tipo aventajado y sagaz que se aprovechaba de la situación para llevar a cabo su misión. Sabemos que la historia nos revela que Abraham le cede la oportunidad a Lot de escoger. Esto nos muestra un verdadero reparador en situaciones discordantes y conflictivas. Aunque Lot era su sobrino, era el momento de separarse, solo se enfocó en su propia ventaja, se inclinó por ubicarse en las tierras que aparentemente le ofrecían mayores beneficios, "*Escoge tú*" le dijo Abraham, tomó una actitud que desactivaba cualquier confrontación. Lot nunca pensó que las fértiles tierras que escogió tenían en sus linderos las ciudades de Sodoma y Gomorra. Su elección la basó en sus instintos humanos y no tomó en cuenta a Dios, y esto lo llevó al fracaso total. La Biblia dice que Abraham fue prosperado, no porque escogió los lugares más atractivos y que le podían dar ventajas, sino que confió y adoró a Dios con sus decisiones. "Dios honra a los que le honran".

Lot paulatinamente se acercó más y más a las cosmopolitas ciudades de Sodoma y Gomorra, incluso llego a ser juez. Sus hijas estuvieron comprometidas con hombres de la ciudad; sin embargo, Dios le reveló a Abraham que destruiría a Sodoma y Gomorra por medio de fuego y azufre porque su pecado era muy grande e irreversible y de este solo Lot y su familia serían salvados. Finalmente, ante la inminente destrucción de Sodoma y Gomorra, Lot fue ayudado por ángeles y pudo sacar físicamente a sus hijas, pero la corrupción las había permeado a ellas y también a su madre.

Una decisión económica destruyó completamente su familia, su vida literalmente resultó ser un fracaso. Este es un espíritu que se manifiesta muy fácil en personas que toman decisiones rápidas, piensan solo en los beneficios inmediatos y no calculan riesgos y consecuencias. Su búsqueda de ventajas en todo las hace personas poco confiables y se meten fácilmente en problemas, porque siempre creen que las cosas van a salir bien y no pasará nada. En vez de prevenir el daño, estas personas ofenden, aprovechan situaciones y les sacan ventajas impropias a los más cercanos.

Lot significa: "*velo*". Son personas que no dan nada, mejor quitan, pero siempre esperan mucho de los demás. Tienen la habilidad de poner como un velo en los que le rodean para ellos así tomar beneficio. Este espíritu no tiene compromiso con nadie, pero hace sentir como si todos estuvieran en deuda y comprometidos con ellos. Reprendamos este espíritu de Lot y declaremos que el Espíritu Santo nos guarda de tomar beneficio propio y de olvidarnos de lo que Dios tiene para nosotros.

Capítulo 20

Espíritu de Madián

"Porque los benditos de él heredarán la tierra; Y los malditos de él serán destruidos. 23Por Jehová son ordenados los pasos del hombre, Y él aprueba su camino".
Salmos 37:22-23

Para cosechar algo bendito hay que estar aprobado por él. Jehová aprueba nuestros caminos... Jehová tiene todo el control. Muchas veces trabajamos fuerte para cosechar algo, y con el tiempo nos damos cuenta de que algo sucedió porque todo se paralizó, y ahora no tiene cosecha. ¿Qué hacemos en esos momentos? ¿Cómo actuamos? ¿Será mejor trabajar con nuestras fuerzas o las de Dios? ¿O Será que nuestros caminos están mal y deben estar ordenados por Dios?

> *"Los hijos de Israel* ***hicieron lo malo ante los ojos de Jehová****; y Jehová los entregó en mano de* ***Madián por siete años****. 6:2 Y la mano de Madián prevaleció contra Israel. Y los hijos de Israel, por causa de los madianitas, se hicieron cuevas en los montes, y cavernas, y lugares fortificados. 6:3 Pues sucedía que cuando Israel* ***había sembrado****, subían los madianitas y amalecitas y los hijos del oriente contra ellos; subían y los atacaban. 6:4 Y acampando contra ellos* ***destruían los frutos de la tierra****,*

hasta llegar a Gaza; y ***no dejaban qué comer*** *en Israel, ni ovejas, ni bueyes, ni asnos. 6:5 Porque subían ellos y sus ganados, y venían con sus tiendas en grande multitud como langostas; ellos y sus camellos eran innumerables;* ***así venían a la tierra para devastarla****. 6:6 De este modo empobrecía Israel en gran manera por causa de Madián; y los hijos de Israel clamaron a Jehová. 6:7* ***Y cuando los hijos de Israel clamaron a Jehová, a causa de los madianitas,*** *6:8 Jehová envió a los hijos de Israel* ***un varón profeta****, el cual les dijo: Así ha dicho Jehová Dios de Israel: Yo os hice salir de Egipto, y os saqué de la casa de servidumbre. 6:9 Os libré de mano de los egipcios, y de mano de todos los que os afligieron, a los cuales eché de delante de vosotros, y os di su tierra; 6:10 y os dije: Yo soy Jehová vuestro Dios; no temáis a los dioses de los amorreos, en cuya tierra habitáis;* ***pero no habéis obedecido a mi voz.*** *6:11 Y vino el ángel de Jehová, y se sentó debajo de la encina que está en Ofra, la cual era de Joás abiezerita;* ***y su hijo Gedeón*** *estaba sacudiendo* ***el trigo en el lagar, para esconderlo de los madianitas.*** *6:12 Y el ángel de Jehová se le apareció, y le dijo:* ***Jehová está contigo, varón esforzado y valiente.*** *6:13 Y Gedeón le respondió: Ah, señor mío, si Jehová está con nosotros, ¿por qué nos ha sobrevenido todo esto? ¿Y dónde están todas sus maravillas, que nuestros padres nos han contado, diciendo: ¿No nos sacó Jehová de Egipto? Y ahora*

***Jehová nos ha desamparado**, y nos ha entregado en mano de los madianitas".*

Jueces 6:1-13

Cuántos de nosotros decimos así, Jehová nos ha desamparado. Note qué importante es que este espíritu se aparecía cuando las cosechas estaban preparadas y se aparecía Madián para destruir las cosechas.

- Cosechas de tu trabajo
- Tu familia
- Tu ministerio
- Tu tiempo
- Tus finanzas

Pregúntate hoy: *¿qué cosechas se te han dañado?* ¿Qué cosas has formado o creado y se han dañado? ¿por qué se te han destruido? Adán fue la primera creación y tuvo gran cosecha de parte de Dios, pero en su terreno entró la serpiente a dañar y contaminar la cosecha.

- Así estamos expuestos, que cuando Dios está preparando algo poderoso para nosotros, por causa de nuestras actitudes vendrá la serpiente a dañar.
- Alguna vez has planeado algo y de repente pasa algo que te lo daña.
- Eva tenía un vientre profético, pero del mismo vientre nació la maldad.
- Cuando tu actitud es dañada te contaminas y contaminas a los demás.

- Los que abortan los Planes de Dios, son los que comienzan algo y lo dejan y vuelven a comenzar y abortan.
- Cuando tienes el poder de transmitir y te contaminas, entonces dañas tu viña.
- Tenemos el poder de transferir porque hay un depósito de Dios.

Las cosas muchas veces suceden por cuanto nuestros pasos no son los de Dios, sino que estamos fuera de Su Voluntad, quien te imparte y te determina.

Llamamiento de Gedeón

Cuando Dios llamó a Gedeón, él no estaba preparado. Dios le dijo: "vete a la casa de tu padre (el problema está en casa de tu Padre). Para que tú y yo comencemos algo tenemos que empezar en nuestra propia casa y en nuestra propia familia.

NUNCA PODRÁS HACER GUERRA SI NO ENFRENTAS TUS PROPIOS ALTARES

Qué altares tienes dentro de ti que no has podido derrumbar:

- ✓ Tu carácter
- ✓ Tus actitudes
- ✓ Tu pasado
- ✓ Tus aflicciones
- ✓ Tu manera de pensar
- ✓ Tu orgullo (ego)

Dios le dice a Gedeón: Tú no puedes hacer guerra hasta que derribes el altar de Baal en casa de tu Padre… Y la estatua de madera hecha a la diosa Acera. La maldición y la idolatría comenzó en casa de su padre... Baal significa dios de dioses (fertilidad) y Acera era la esposa de Baal.

Existen altares equivocados en los corazones.
Hay religión... Idolatría... celos… envidia... competencia... altanería…

"De la abundancia del corazón habla la boca"

Mantos que nos están cegando y nos están poniendo sordos… Si nuestros corazones no están preparados no habrá una verdadera convicción de la verdad...

- Cualquiera viene y te engaña, hasta te convence de lo contrario que Dios te ha hablado.
- El hermano viene a decirte una mentira y te la crees.
- El pastor está de tu lado por años y te está discipulando, llorando contigo, ayudándote y viene el espíritu de Madián y te separa (crea enojo, crea enemistad) haciéndote creer que te está diciendo la verdad.

DIOS NO SE PUEDE MANIFESTAR SI NO HAY UN VERDADERO ALTAR

- El pecado establece altares a Satanás.
- La mentira establece altares a Satanás.

- La murmuración establece altares a Satanás.
- El desorden y contiendas establecen altares a Satanás.

SATANÁS estaba en un altar, por lo tanto, él es **experto** atacando los altares. Él sabe cómo entrar sabiamente en tu mente y tu corazón.

- Él conoce tus debilidades.
- Por cuanto confiesas por tu boca, él tiene control de lo que confesaste.
- Tus actitudes le abren la puerta a Satanás.
- Este espíritu persigue a destruir los que están en los altares, en adoración, en ministerio...

Para que Dios reciba tu verdadera adoración, **debes derribar altares**. **El derribar** para mí **es el ayuno** y **el cortar** es **la oración/intercesión**. En silencio y en privado para Dios, lo menos público. Levanta altar perfecto para que Dios reciba lo mejor y genuino.

Gedeón si no destruyes los altares no puedes ir a la guerra, necesitas ser un instrumento de guerra.

7 INSTRUCCIONES DIO JEHOVÁ A GEDEÓN:

Jueces 6

1. *6:14 Y mirándole Jehová, le dijo: Ve con esta **tu fuerza**, y salvarás a Israel de la mano de los madianitas. ¿**No te envío yo?***

6:15 Entonces le respondió: Ah, señor mío, ¿con qué salvaré yo a Israel? He aquí que mi familia es pobre en Manasés, y yo el menor en la casa de mi padre.

2. *6:16 Jehová le dijo: Ciertamente,* ***yo estaré contigo, y derrotarás*** *a los madianitas como a* ***un solo hombre****.*

6:17 Y él respondió: Yo te ruego que si he hallado gracia delante de ti, <u>me des señal de que tú has hablado conmigo</u>.

6:18 Te ruego que no te vayas de aquí hasta que vuelva a ti, y saque mi ofrenda y la ponga delante de ti. Y él respondió: <u>Yo esperaré hasta que vuelvas</u>. 6:19 Y entrando Gedeón, preparó un cabrito, y panes sin levadura de un efa de harina; y puso la carne en un canastillo, y el caldo en una olla, y sacándolo se lo presentó debajo de aquella encina.

3. *6:20 Entonces el ángel de Dios le dijo: Toma la carne y los panes sin levadura, y* ***ponlos sobre esta peña****, y vierte el caldo. Y él lo hizo así. 6:21 Y extendiendo el ángel de Jehová el báculo que tenía en su mano, tocó con la punta la carne y los panes sin levadura; y* ***subió fuego de la peña****, el cual* ***consumió la carne y los panes sin levadura****. Y el ángel de Jehová desapareció de su vista. 6:22 Viendo entonces Gedeón que era el ángel de Jehová, dijo: Ah, Señor Jehová, que he visto al ángel de Jehová cara a cara.*

4. *6:23 Pero Jehová le dijo: Paz a ti;* ***no tengas temor, no morirás.*** *6:24 Y edificó allí Gedeón altar a Jehová, y lo llamó Jehová-salom; el cual permanece hasta hoy en Ofra de los abiezeritas.*

5. *6:25 Aconteció que la misma noche le dijo Jehová:* ***Toma un toro del hato de tu padre, el segundo toro*** *de siete años, y* ***derriba el altar*** *de Baal que tu padre tiene, y* ***corta también la imagen de Asera que está junto a él;***

Dios le habla a Gedeón y le dice: tu padre levantó 2 altares y hay que derribarlos, (tráeme el 2 porque el primero es el primogénito) ya era de él. El segundo habla de lo que le damos después de lo primero, Contrato, mutuo acuerdo (toro de 7 años).

6. *6:26 y* ***edifica altar*** *a Jehová tu Dios en* ***la cumbre de este peñasco*** *en lugar conveniente;*
Ahora **que no hay señal,** ***edifícame un altar en la peña***

7. *y tomando el* ***segundo toro, sacrifícalo en holocausto*** *con la madera de la imagen de Asera que habrás cortado.*

6:32 *Aquel día Gedeón fue llamado Jerobaal, esto es: Contienda Baal contra él, por cuanto derribó su altar.6:33 Pero todos los madianitas y amalecitas y los del oriente se juntaron a una, y pasando acamparon en el valle de Jezreel.6:34 Entonces el Espíritu de Jehová vino sobre Gedeón, y cuando* *este tocó el cuerno, los abiezeritas se reunieron con él. 6:35 Y envió mensajeros por todo Manasés, y ellos también se juntaron con él; asimismo envió mensajeros a Aser, a Zabulón y a Neftalí, los cuales salieron a encontrarles.**6:36 Y Gedeón dijo a Dios**: Si has de salvar a Israel por mi mano, como has dicho,6:37 he aquí que yo pondré un vellón de lana en la era; y si el rocío estuviere en el vellón solamente, quedando seca toda la otra tierra, entonces entenderé que salvarás a Israel por mi mano, como lo has dicho.6:38 Y aconteció así, pues cuando se levantó de mañana, exprimió el vellón y sacó de él el rocío, un tazón lleno de agua. 6:39 Mas Gedeón dijo a Dios: No se encienda tu ira contra mí, si aún hablare esta vez; solamente probaré ahora otra vez con el vellón. Te ruego que solamente el vellón quede seco, y el rocío sobre la tierra. 6:40* ***Y aquella noche lo hizo Dios así; solo el vellón quedó seco, y en toda la tierra hubo rocío.***

Gedeón siguió las instrucciones de lo que Dios le habló y fue por esto que fue honrado y a través de él trajo paz y protección a toda la Tierra.

Iglesia, derriba los altares que hay en tu vida para que haya orden en tu vida y para que se vea la Gloria de Dios. Cuando los altares de Madián abandonen tu tierra verás el rocío de Dios. Derribemos hoy todo altar de Madián en el Nombre de Jesucristo.

Capítulo 21

Espíritu Nicolaíta

El espíritu nicolaíta se manifiesta en personas que se infiltran en las iglesias para pervertir las enseñanzas y las costumbres morales y religiosas establecidas por los apóstoles y las Escrituras.

"pero tienes esto, que aborrece las obras de los nicolaitas, las cuales yo también aborrezco".
Apocalipsis 2:6

Nicolaíta en griego es "Nico" que significa: "dominio o conquista sobre otros". Entre sus características estaba la no sujeción a los líderes y la promoción del libertinaje y la vida sexual desordenada. Aunque no tenemos mayores detalles en la Biblia sobre los nicolaítas, su procedencia está relacionada con la doctrina de Balaam.

La Biblia nos dice en el libro de ***Apocalipsis 2:14:***

pero tengo unas cosas contra ti, que tienes ahí a los que retienen la doctrina de Balaam, que enseñan *los hijos de Israel a comer de cosas sacrificadas a los ídolos y a cometer fornicación. Las profecías de Jezabel en* ***Apocalipsis 2:20*** *Pero tengo unas pocas cosas contra ti: que toleras que esa mujer Jezabel, que se dice profetisa, enseñe y* *seduzca a mis siervos a fornicar y a comer cosas sacrificadas a los ídolos.*

Pero tengo unas pocas cosas contra ti; que toleras que esa mujer Jezabel, que se dice profetisa, enseñe y seduzca a mis siervos a fornicar y a comer cosas sacrificadas a los ídolos. Todo indica que los tres: *Nicolaitas*, *Balaamitas* y *Jezabelitas* eran una y la misma herejía. La palabra nicolaíta es una latinización de la voz griega nicolatai, cuya raíz es nicolaos, que a su vez se compone de dos palabras griegas; Nico y Laos. "Nico", significa: "conquistar o estar sobre otros"; "Laos", quiere decir: "gente común sin títulos religiosos".

El espíritu nicolaíta se manifiesta en aquellas personas que presumen tener algún conocimiento de la Palabra de Dios, pero usan este conocimiento para contradecir lo que se enseña en la iglesia. Son los conquistadores que hacen grupos y quieren que quienes les siguen, quiten toda atención de las enseñanzas apostólicas y se enfoquen en ellos. Estos falsos maestros están más interesados en promover la desobediencia y la rebeldía que en afirmar a las personas en algún valor que los ayude en su fidelidad a Dios. Por lo regular son carismáticos y conquistadores, tienen el don de la seducción y envuelven a otros y a otras en inmoralidades sexuales y actividades ilícitas. Muestran una supuesta piedad, pero sus actitudes son venenosas. Pasan por las iglesias y dejan escándalos; gustan de dar profecías y cuando no penetran en las iglesias, atraen miembros de estas para orar, dar estudios bíblicos y declarar profecías.

Los creyentes tienen que cuidarse de este espíritu seductor y consultar siempre a su pastor sobre cualquier ayuda espiritual que le quieran ofrecer fuera de su cobertura apostólica o pastoral. Este espíritu de manipulación siempre tratará de intimidar para crear una atmósfera que le resulte favorable para controlar a los demás. Es común en los profetas itinerantes que procuran ganar adeptos para atraerlos hacia ellos. También es un espíritu hablador que no puede callar, pues, siempre tiene algo que decir. Procura desautorizar la Palabra de Dios y sus ministros, con sutilezas, finge estar muy preocupado por las gentes que ya pertenecen al Cuerpo de Cristo, pero es para atraerlas a sus doctrinas de error y engaño.

Los que están dominados o influenciados con este espíritu, no buscan las almas, no saben ganar almas, tampoco lo pueden hacer porque su interés es dañar a los hijos de Dios, a las ovejas que se alimentan en el redil. Sus armas de ataques están prestas a destruir la reputación ministerial de los Siervos de Dios. Es un espíritu calumniador y mentiroso. También es un espíritu de seducción que opera en hombres y mujeres en las iglesias para atraerlos a pecados sexuales, y así destruir la obra de Dios y generar escándalos.

Reprendamos todo espíritu Nicolaíta que quiere tomar dominio o conquista sobre nuestras vidas en el Nombre de Jesucristo.

Capítulo 22

Espíritu Nimrod

El Nimrod llegó a ser el primer poderoso en la Tierra según la Biblia. Su nombre en Hebreo significa "Gibor", cuyo significado es: "tirano o rebelde". Estas características nos hablan de un hombre recio de carácter, no sumiso ante el verdadero Dios creador.

Génesis 10:8-10

Y Cus engendró a Nimrod, quien llegó a ser el primer poderoso en la tierra. 9 Este fue vigoroso cazador delante de Jehová; por lo cual se dice: Así como Nimrod, vigoroso cazador delante de Jehová. 10 Y fue el comienzo de su reino Babel, Erec, Acad y Calne, en la tierra de Sinar.

Nimrod fue un gran constructor, un cazador diestro. Un hombre activo y emprendedor que se empeñó en acumular todo el poder posible. La principal característica de este espíritu es la búsqueda de la gloria personal. Eso lo vemos mucho en predicadores que, en vez de predicar a Cristo, se engrandecen ellos y a sus organizaciones. El verdadero cristiano es aquel que tiene un carácter piadoso, que está enfocado en glorificar a Dios y promover su reino. La Biblia nos relata que Nimrod estableció varias ciudades, una de ellas fue Babel en tierra de Sinar y Nínive, la que siglos después fue capital del Reino Asirio. Babel es el comienzo de Babilonia y como tal representa el verdadero carácter, objeto y resultado de todas las asociaciones y de las religiones humanas falsas o desviadas de lo que establece la Palabra de Dios.

A la muerte de Nimrod, su figura fue divinizada bajo el nombre de Marduk, junto a la de su esposa, Semi-ramis y a la de su hijo Tamuz. Esta tríada de dioses (el padre, la mujer y el niño) pasó a todas las culturas, donde adquirió algunos rasgos y nombres distintos. Nimrod representa la ciencia, la política, la economía, el saber, la cultura y la religión humana, unificadas para oponerse a Dios, para sustituirlo y desterrarlo de la historia. Este es el espíritu que se apropia del don de ciencia y comienza a usar la palabra profética para transmitir mensajes que no son de Dios. Este ha sido el sueño de los hombres, con frecuencia encarnado en dictadores, reyes, religiosos y gentes que alcanzan poder y dominio sobre otros. La Biblia dice que Dios no comparte su gloria con nadie. Hoy hay muchos ministerios que han desarrollado verdaderas maquinarias publicitarias para promover hombres. Contratan y trabajan con compañías constructoras de imágenes para promover sus líderes y ministerios. Una nueva y sutil manera de practicar la idolatría.

Sin duda necesitamos buena comunicación para predicar el evangelio en estos tiempos, pero cuando los ministerios crean dioses para "ayudar" o sustituir a Dios, lo que traen es confusión y perdición para ellos y para quienes les siguen. La manera de enfrentar este espíritu es dándole la Gloria a Dios en todas las cosas que hacemos. Lo que implica renunciar a toda pleitesía, a no admitir la exaltación desmedida de parte de nadie. Lo recomendable es tener presente de dónde nos ha sacado Dios y admitir humildemente que todo lo bueno que hay en nosotros es por Él y para Él. Ante la honra, el reconocimiento y el aplauso como los veinticuatro ancianos, postrarnos y lanzarle nuestras coronas al Cordero, el único que merece honra, gloria y alabanza. La clave está en poner a la disposición del Señor todas nuestras destrezas, talentos, conocimientos, propiedades para la gloria verdadera de Dios. Más que palabras, es rendirnos totalmente a Dios y darle todo reconocimiento de corazón, con sinceridad, de esta manera, estaremos rechazando este espíritu que solo viene a destruir el propósito de Dios en nuestras vidas.

Capítulo 23

Espíritu Noidas

"Y muchos falsos profetas se levantarán y engañarán a muchos".

Mateo 24:11

"Porque estrecha es la puerta, y angosto el camino que lleva a la vida, y pocos son los que la hallan. Y guardaos de los falsos profetas, que vienen á vosotros con vestidos de ovejas, mas de dentro son lobos rapaces. 16 Por sus frutos los conoceréis. Porque éstos son falsos apóstoles, obreros fraudulentos, transfigurándose en apóstoles de Cristo. Y no es maravilla, porque el mismo Satanás se transfigura en ángel de luz. Así que, no es mucho si también sus ministros se transfiguran como ministros de justicia; cuyo fin será conforme á sus obras".

2 Corintios 11:13-15

"Porque yo sé después de mi partida entrarán en medio de vosotros lobos rapaces, que no perdonarán al rebaño. 30 y de vosotros mismos se levantarán hombres que hablen cosas perversas para arrastrar tras si discípulos".

Hechos 20:29

Noadías es una falsa profetisa. Su nombre hebreo es Noadiyáh. Noadiyáh viene de la palabra Nekojáh, la cual es el femenino de Nakoaj y significa directo hacia adelante, correcto, integridad, criado, justo y recto. Estas dos palabras, Nekojáh y Nekoaj tienen como raíz primaria la palabra Nakal que significa defraudar, actuar traicioneramente, conspirar, el que engaña, engañar, pensar mal.

"Acuérdate, Dios mío, de Tobías y de Sanbalat, conforme a estas cosas que hicieron; también acuérdate de **Noadías** *profetisa, y de los otros profetas que procuraban infundirme miedo".*

Nehemías 6:14

Noadias:

- Es una mujer que trabaja juntamente de la mano con Tobías y Sambalat.

- Tobias y Sambalat le hicieron la vida imposible a Esdras porque era el hombre que levanta la adoración también a Nehemías porque estructura el gobierno de Dios.

- La Profetisa Noadias hace alianza con Sambalat y Tobías con otros espíritus para paralizar la obra de Dios.

Estos espíritus están operando hoy fuertemente, operan en el fariseísmo, en la religiosidad y en el legalismo para no dejar levantar el gobierno teocrático en la Iglesia. Además, se opone abiertamente a todo lo apostólico y profético.

"Pero oyéndolo Sanbalat horonita y Tobías el siervo amonita, les disgustó en extremo que viniese alguno para procurar el bien de los hijos de Israel".
Nehemías 2:10

"Pero cuando lo oyeron Sanbalat horonita, Tobías el siervo amonita, y Gesem el árabe, hicieron escarnio de nosotros, y nos despreciaron, diciendo: ¿Qué es esto que hacéis vosotros? ¿Os rebeláis contra el rey? 20 Y en respuesta les dije: El Poderoso de los cielos, él nos prosperará, y nosotros sus siervos nos levantaremos y edificaremos, porque vosotros no tenéis parte ni derecho ni memoria en Jerusalén".
Nehemías 2:19-20

Nehemías siempre se mantuvo firme, sabía que el rey ordenó la edificación de Jerusalén, que el Eterno le estaba enviando y respaldando, así que a pesar de sus enemigos, él continuó y comenzó la restauración de puertas y muros de Jericó.

"Pero aconteció que oyendo Sanbalat y Tobías, y los árabes, los amonitas y los de Asdod, que los muros de Jerusalén eran reparados, porque ya los portillos comenzaban a ser cerrados, se encolerizaron mucho; y conspiraron todos a una para venir a atacar a Jerusalén y hacerle daño".
Nehemías 4:7-8

MAQUINACIONES DE LOS ADVERSARIOS

"Cuando oyeron Sanbalat y Tobías y Gesem el árabe, y los demás de nuestros enemigos, que yo había edificado el muro, y que no quedaba en el portillo (aunque hasta aquel tiempo no había puesto las hojas en las puertas), Sanbalat y Gesem enviaron a decirme: Ven y reunámonos en alguna de las aldeas en el campo de Ono. Mas ellos habían pensado hacerme mal. Y les envié mensajeros, diciendo: Yo hago una gran obra, y no puedo ir; porque cesaría la obra, dejándola yo para ir a vosotros. Y enviaron a mí con el mismo asunto hasta cuatro veces, y yo les respondí de la misma manera. Entonces Sanbalat envió a mí su criado para decir lo mismo por quinta vez, con una carta abierta en su mano, en la cual estaba escrito: Se ha oído entre las naciones, y Gasmu lo dice, que tú y los judíos pensáis rebelaros; y que por eso edificas tú el muro, con la mira, según estas palabras, de ser tú su rey; y que has puesto profetas que proclamen acerca de ti en Jerusalén, diciendo: !!Hay rey en Judá! Y ahora serán oídas del rey las tales palabras; ven, por tanto, y consultemos juntos. Entonces envié yo a decirle: No hay tal cosa como dices, sino que de tu corazón tú lo inventas. Porque todos ellos nos amedrentaban, diciendo: Se debilitarán las manos de ellos en la obra, y no será terminada. Ahora, pues, oh Elohim, fortalece

tú mis manos. Vine luego a casa de Semaías hijo de Delaía, hijo de Mehetabel, porque él estaba encerrado; el cual me dijo: Reunámonos en la casa de Elohim, dentro del templo, y cerremos las puertas del templo, porque vienen para matarte; sí, esta noche vendrán a matarte. Entonces dije: ¿Un hombre como yo ha de huir? ¿Y quién, que fuera como yo, entraría al templo para salvarse la vida? No entraré. Y entendí que el Eterno no lo había enviado, sino que hablaba aquella profecía contra mí porque Tobías y Sanbalat lo habían sobornado. Porque fue sobornado para hacerme temer así, y que pecase, y les sirviera de mal nombre con que fuera yo infamado".

Nehemías 6:1-13

CARACTERÍSTICAS DEL ESPÍRITU DE NOADIAS

- Profetiza cosas contrarias a la voluntad de Dios.
- Actúa en oposición a los ministerios de restauración y todo lo que hacen.
- No deja el fluir de la unción.
- No deja que los dones se activen y crezcan en la Gracia de Dios.
- Hace lo posible para que los líderes no suban de niveles de conocimiento de revelación. Al no conocer-

lo, se abren puertas dimensionales para que actúen libremente.

- Hace lo posible para que las promesas que algún día se hablaron de nosotros, no se cumplan, con el fin de destruir el Propósito de Dios en nosotros.

- Hace lo posible para que nuestra alma quede dañada con pena, rabia, dolor y así nos enojamos con el Señor, culpándolo que Él nos habló y no cumplió con lo que dijo. Dios en su Palabra dice que Él no miente... ***Números 23:19-20*** *Dios no es hombre, para que mienta, ni hijo de hombre para que se arrepienta. Él dijo, ¿y no hará? Habló, ¿y no lo ejecutará? He aquí, he recibido orden de bendecir; El dio bendición, y no podré revocarla.*

A NIVEL PERSONAL

- Él será tu esposo (a). El resultado: fracasos matrimoniales.

- *Debes cambiarte de congregación.* El resultado: es desviarse del propósito.

- *Eres un Pastor.* Resultado: mala ubicación de los dones que Dios le entregó.

- *Si haces esto algo te pasará.* Resultado: andar con temor y miedo.

- *Tú eres mejor que él*. Resultado: la vanagloria, el orgullo y la falta de sometimiento.

- *Le hará sentir que estás bien, sigue así, está contento. El Señor contigo*. El resultado: es un engaño porque no está bien, Dios quiere resultado cambiante sobre su vida.

- *El Señor te regalará una casa, un auto y una cuenta bancaria*. El resultado: salirse del ámbito espiritual para preocuparse de lo material.

A NIVEL CONGREGACIONAL

- *Pastor, debes cambiar la forma de trabajar en la obra*. Resultado: salirse de la visión que Dios un día entregó.

- *No acepten profecías de ningún lado, solo de mí*. Resultado: que Dios quiera hablar de muchas formas y no estarán dispuestos a oír la voz de Dios.

- *Debes ungirlo como Pastor*. Resultado: que Dios jamás los ha llamado al Ministerio y levantamos Pastores e Iglesias raquíticas y rebeldes.

- *Deben hacer ciertas cosas en el sector social o político*. El resultado: es la desviación del correcto camino.

- Siempre tienen sueños y revelaciones para la Iglesia, se los entregan a los Pastores, líderes y hermanos de la congregación, pero es falsa porque nunca cumplen lo que exponen.

Este espíritu opera infundiendo miedo, desviándonos de los propósitos de Dios a su novia para que no se despose con el Cordero Santo, para que vivan esperando algo que nunca llegará, haciendo que anden por el desierto vagando durante años sin encontrar reposo para que el propósito no se cumpla en nosotros.

Capítulo 24

Espíritu de Pitón

"Aconteció que mientras íbamos a la oración, nos salió al encuentro una muchacha que tenía espíritu de adivinación, la cual daba gran ganancia a sus amos, adivinando. [17] Esta, siguiendo a Pablo y a nosotros, daba voces, diciendo: Estos hombres son siervos del Dios Altísimo, quienes os anuncian el camino de salvación. [18] Y esto lo hacía por muchos días; mas desagradando a Pablo, éste se volvió y dijo al espíritu: Te mando en el nombre de Jesucristo, que salgas de ella. Y salió en aquella misma hora".

Hechos 16:16-18

La palabra *pitón* se traduce aquí como *adivinación*; sin embargo, una pitón es una serpiente estranguladora. Las pitones matan a sus víctimas apretándolas y dejándolas sin aliento y cuando hablamos de aliento, representa el espíritu de una persona. Los espíritus de Pitón intentan ahogar la vida de las iglesias. Esto puede incluir ahogar la vida de la alabanza y la adoración y del ministerio profético. Estos espíritus Pitón también intentan apretar y sacar la vida de oración de la iglesia. Recordemos que según la historia de Hechos 16, la muchacha poseída por el espíritu de pitón les salió al encuentro a los apóstoles cuando ellos iban a orar. Las personas con espíritus de pitón tratarán de detener o estrangular el mover del Espíritu Santo en la iglesia. El espíritu malo intentará restringir la nueva vida que el Espíritu de Dios trae. Este espíritu convence a los líderes para que se retraigan de los dones del Espíritu y el mover del Espíritu Santo. Cuando cualquier espíritu intenta detener el fluir del Espíritu Santo o pervertirlo, lo denominamos "brujería".

Pitón es experto en asfixiar y estrangular para que no puedan movilizar. Algunas de las cosas que este espíritu hace es que nos paraliza. También tiene palabras que nos asfixian para que no continuemos.

Las notables características de una iglesia que está afectada por un espíritu de pitón puede incluir: falta de profecía, falta de oración, cansancio, falta de desarrollos de ministerios, la ferviente alabanza y adoración, el mover profético, letargo espiritual y otras manifestaciones del Espíritu Santo. La iglesia debería experimentar un continuo flujo y unción del Espíritu Santo; algo va mal cuando la vida espiritual está siendo ahogada en la iglesia.

Este espíritu podría ser difícil de distinguir, si no se ponen en práctica los dones del Espíritu Santo. Se trata de un espíritu de adivinación que busca que lo reciban como si viniera de parte de Dios. En ocasiones creemos que estamos frente a un profeta de Dios, cuando en realidad estamos frente al espíritu de Pitón. Puede surgir como la degeneración de un don verdadero. Hay hermanos a quienes Dios usa con el don de profecía y creen que cada vez que tienen la oportunidad de ministrar, este don tiene que manifestarse. En este sentido, lo que debe manifestarse de manera espontánea, empieza a ser forzado, entonces vienen las especulaciones y se da una palabra profética de dudosa procedencia que no garantiza ninguna certeza. Esto abre las puertas al error.

La Biblia registra otro caso de espíritu de Pitón en 1 Samuel 28, donde el rey Saúl cae en el error consultando la viuda de Endor, quien hace supuestamente llamar al profeta Samuel que ya había muerto. En un momento cuando Pablo, Silas, Timoteo y Lucas se dirigían al lugar de oración, una esclava poseída de un demonio le salió al encuentro. El espíritu demoniaco que la poseía, la usaba también para hablar a través de ella y practicar la adivinación. En griego también la llama "*pitonisa*". La serpiente pitón era el símbolo del dios griego Apolo. Este tipo de adivinación les producía mucho dinero a sus amos. Esta esclava se mantuvo siguiendo a Pablo y a sus compañeros, dando voces: estos hombres son siervos de Dios Altísimo, quienes os anuncian el camino de salvación. Notemos que estaba mintiendo, que lo que decía era cierto, pero la proclamación que hacía provenía de las tinieblas. Recordemos que la luz y las tinieblas no pueden ocupar el mismo espacio.

Pablo y los suyos se retirarían en unos días de la ciudad, ella y sus amos se quedaban haciendo negocio. De manera que los siervos de Dios tenían que reaccionar y así lo hicieron. Aun más, pues la gente podría creer que ella hablaba de parte de Dios. Finalmente, Pablo se volvió y le habló, no a la mujer, sino al espíritu maligno, ordenándole en el nombre de Jesucristo que saliera de ella. En esto, seguía el ejemplo de Jesús, que también les hablaba directamente a los demonios que poseían a las personas. En aquella misma hora salió de ella. Este es un espíritu de confusión que busca con engaño desacreditar la palabra profética, pues se presenta como si de verdad viniera de Dios, cuando en realidad es un espíritu mentiroso y falso.

Debemos pedir a Dios mucha sabiduría para identificar en este tiempo de tanta confusión a todos aquellos que, por querer ganar prestigio profético, solo han logrado manifestar un espíritu de mentira y error.

Capítulo 25

Espíritu de Sanbalat, Tobías y Gesem

Sanbalat, Tobías y Gesem son tres hombres que son mencionados en la Biblia en la historia de Nehemías y que le hicieron la vida imposible para que no levantara las murallas de Jerusalén. Nehemías un hombre de carácter que tomó la decisión de levantar las puertas de Jerusalén y reconstruir sus murallas.

"Les dije, pues: Vosotros veis el mal en que estamos, que Jerusalén está desierta, y sus puertas consumidas por el fuego; venid, y edifiquemos el muro de Jerusalén, y no estemos más en oprobio. Entonces les declaré cómo la mano de mi Dios había sido buena sobre mí, y asimismo las palabras que el rey me había dicho. Y dijeron: Levantémonos y edifiquemos. Así esforzaron sus manos para bien. Pero cuando lo oyeron Sanbalat horonita, Tobías el siervo amonita, y Gesem el árabe, hicieron escarnio de nosotros, y nos despreciaron, diciendo: ¿Qué es esto que hacéis vosotros? ¿Os rebeláis contra el rey?"

Nehemías 2:17-19

La oposición de Nehemías vino de tres personas que no soportaban el éxito ajeno. Incapaces de hacer nada noble, dedicaron todo su tiempo a la crítica, murmuración y la burla para detener la construcción del muro. Son personas que no hacen nada para edificar, sino que anhelan ver la iglesia cayéndose en pedazos, son el tipo de persona que solo cuando a alguien se le ocurre hacer algo o emprender algún proyecto, tratan de obstaculizar el movimiento. Son expertos y se tornan activos y diligentes, pero solo para destruir e impedir que otros edifiquen y reparen algo para Dios.

Frente a la iniciativa de construcción y avance en la obra de Dios, estas personas despliegan todas sus fuerzas y desarrollan una capacidad de crítica y movilización que nadie conocía. Su especialidad es la oposición. Los Sanbalat, los Tobías y los Gesem son espíritus muy creativos y diligentes en la oposición que mejor trabajan juntos. Son críticos mordaces y se atribuyen las más altas competencias para descalificar las acciones de los otros que anhelan hacer cosas para el Reino de Dios. Lo interesante de esto es que, aunque ellos no tenían ningún proyecto propio, ellos habían plantado una oposición cerrada al plan restaurador de Nehemías, de quien no podían soportar su éxito.

La Biblia nos relata que Esdras, Zorobabel y Nehemías fueron llamados por Dios para restaurar la palabra, la adoración y el gobierno en Jerusalén, que estaba abandonada y se deterioraba progresivamente, luego que fuera atacada y saqueada por los invasores que se llevaron cautivos a sus pobladores, dejando la ciudad santa en desolación y en ruinas. Hay que entender que quienes son dominados por este espíritu se oponen a todo sin tener ninguna base para hacerlo. No proponen nada, pero se oponen a todo, desalientan, se burlan, murmuran, critican, y no hacen ni dejan que otros hagan.

Estos espíritus se caracterizan por oponerse a tres áreas fundamentales:

1. **La Palabra**: la Palabra es el marco que da dirección y orienta el camino del creyente, es su fundamento y guía, por tal razón este espíritu ataca la Palabra. No quiere que las acciones del creyente y la vida de la iglesia se sostengan sobre bases seguras; por eso, es que este espíritu ataca la Palabra para que te detengas y no lleves a cabo el propósito de Dios.

2. **La Adoración**: la adoración es el reconocimiento a Dios por lo que Él es; porque lo que hace permanentemente es siempre a favor de nosotros. Es el punto de acercamiento más íntimo y próximo entre Dios y nosotros. Por eso este espíritu atenta contra todo esfuerzo que busque restaurar la adoración y el culto al Señor. Constantemente todos debemos buscar cómo restaurar la adoración y el culto a Dios. Estos espíritus buscan excusas y hacen esfuerzos para que la adoración no tome su lugar.

3. **Gobierno:** este espíritu se opone al orden, a la restauración, al cambio que vitaliza y transforma. Opera grandemente en el fariseísmo, en la religiosidad y en el legalismo, haciendo resistencia al orden restaurador y progresivo que Dios marca en los tiempos.

Estos espíritus también se oponen a lo apostólico, profético y al derramamiento del Espíritu Santo. No quieren avivamiento y se resisten a la manifestación plena de la Gloria de Dios. Actúan en personas y grupos que se han quedado en el pasado y han hecho de su rito y tradición un ídolo. Si los muros del amor y las puertas del conocimiento están en el suelo, prefieren dejarlos así porque no se han abierto a la restauración y al cambio que viene impulsado por la Palabra y ellos se oponen a la palabra, la adoración y el gobierno.

Reprendamos todo espíritu que viene como obstáculo para detener el Reino de Dios. Avancemos y restauremos todo lo que está en el suelo por causa de la desobediencia del hombre y levantemos bandera a nuestro Dios.

ACERCA DE LA AUTORA

Apóstol Lizbeth M. Méndez

La Apóstol Lizbeth Méndez "*Liz*" es natural de la Isla de Puerto Rico y reside en los Estados Unidos. Es casada con el Apóstol Rafael Méndez hace 32 años y tienen 2 hijos varones, uno llamado Alexander de 31 años y el otro llamado Emanuel de 24 años de edad. La Apóstol Liz ha cursado estudios en la Universidad de Miami, Florida, donde obtuvo una licenciatura en Programación de Computadoras y un Asociado en Terapia Respiratoria. Igualmente ha obtenido una Maestría en Estudios Bíblicos y Diploma Ministerial de La "*Universidad Vi-*

sión Internacional" en la ciudad de Miami, y actualmente es una de las maestras para la Universidad Visión International que enseña y capacita ministros. También un Doctorado en Teología en la "*Universidad Latina de Teología*".

En el ámbito ministerial, ha fungido como maestra y oradora de la Palabra de Dios, organizadora de Eventos y Retiros para la restauración de toda la familia.

Actualmente ella y su esposo Rafael pastorean juntos la Iglesia "La Vida Eterna", en la ciudad de Hialeah, Florida. Ha viajado impartiendo La Palabra de Dios a 17 diferentes naciones en América Central, América del Sur y el Caribe. Actualmente tiene una Red Apostólica cuyo nombre es "*Red Apostólica La Vid Verdadera*" R.A.L.V.V. es Internacional y Local en el cual tienen bajo su cobertura Iglesias en Nicaragua, Perú, Panamá, República Dominicana, Venezuela y tienen un negocio de Exportación en Miami Florida.

La Apóstol Liz es actualmente directora del Ministerio *Mujeres en Pie de Guerra.* Participa con la coordinación y planificación de los eventos en el ministerio el cual es una visión que Dios plasmó en su corazón hace muchos años, con el fin de educar, capacitar, fortalecer y restaurar a la mujer a través de encuentros, discipulados, talleres y conferencias.

La Apóstol Liz le sirve al Señor hace 31 años que han sido años de capacitación, entrenamiento y experiencias ministeriales y personales donde se ha equipado a esta mujer de Dios con una gama de conocimientos que ella ha puesto en el altar para servir al pueblo de Dios. Ha escrito varios libros: *"Hacia La Madurez Espiritual", "Escuela de Discipulado", "Libres Para Amar", "La Sanidad del Alma", "Intercesión Profética Volumen 1-2", "Danza Profética", "El Tabernáculo", "La Guerra Espiritual" y "Para Ti Mujer"* para impartir lo que ella ha recibido de parte de Dios. La Apóstol Liz Méndez está bajo la cobertura de la Red Apostólica "*Para La Cosecha Final" R.A.CO.FI.*, quién es su padre espiritual y mentor es el Apóstol Marvin Aguilar, Director y fundador del "*Ministerio Ciudad Bendición*" en Santo Domingo de Heredia, Costa Rica.

Palabras de Vida

Facebook
Twitter
Instagram
Youtube

Apostol Liz Mendez

Email: Apostlelizmendez@gmail.com
Tel. 305-557-7725

www.lavidaeterna.org

Made in the USA
Coppell, TX
15 April 2026

75713276R10085